传

郑晓 ¤ 著

闽南方言口语词汇 上册 郑晓 著

上海辞书出版社

总 序

一

中国人的民间信仰是多元、多样和多彩的。这与中国的民族结构有密切的关系。人类学大师费孝通先生说过:

> 中华民族……是由许许多多分散孤立存在的民族单位,经过接触、混杂、联结和融合,同时也有分裂和消亡,形成一个你来我去、我来你去,我中有你、你中有我,而又各具个性的多元统一体。[①]

纵观上下五千年的中国历史,在中华民族我中有你、你中

[①] 费孝通主编:《中华民族多元一体格局》,中央民族大学出版社1999年版,第3页。

有我的"滚雪球"过程中,中华民族从夏商周三代到秦的多元融合走向华夏一体,经历了夏、商、周、楚、越等族从部落到民族的发展过程,又经历了夏、商、周、楚、越等族及部分蛮、夷、戎、狄融合成华夏民族的历史过程。此后,从两汉到清代又经历了从民族互化到汉化成为民族融合主流的历史过程。就是在这悠悠几千年的历史过程中,及至清道光三十年(1851年),中国人口已达4亿以上①。进入近现代以后,中华民族这个雪球仍然不断地向前发展,到中华人民共和国建立时,其人口已逾6亿;经过改革开放,中国人口已发展到13亿之多。

涓涓细流汇成大海,就是在这个长时期的大交往、大交流、大交融的互动、磨合和整合中,中国人的民间信仰才形成多元的格局。

二

这样一来,融入中华民族的各民族或族群,在"滚雪球"

---

① 王育民:《中国人口史》,江苏人民出版社1995年版,第515页。

的过程中自然而然地又把各民族或族群的民间信仰,带入了中华民族的信仰文化之中,这又铸成了中国人民间信仰多样性的特征。民俗学家乌丙安在《中国民间信仰》一书中曾说过:

> 中国的民间信仰不仅有如天地、日月、星辰等自然体,还有风、雨、雷、电、虹、霓、云、霞、水、火、山、石等自然物和自然力,还有各种动植物等都在崇拜之列。与此同时,民间还崇拜人死后的所谓"灵"以及其遗骨、遗物、遗迹的"灵";还崇拜人们赋予很多自然物或人工物以化形的"灵"或"精";还包括崇拜幻象产生的多种职司各异的神灵;还崇拜被认为是附在活人身上的某种"灵"(或神灵、或鬼灵、或精灵);还崇拜所有人力所不及的幻想中的超自然力量;还崇拜被认为不可抗拒的一种"天命"(宿命)等等,不计其数,包罗万象。①

---

① 乌丙安:《中国民间信仰》,上海人民出版社1965年版,第4—5页。

中国民间信仰的多样还表现在鬼灵的多样上。如蒙古族民间所崇拜的"天",即蒙语称的"腾格里",其后"腾格里"这一概念受各教影响被加上各种称呼,分成众多神灵,如后世就有99个之说,其中西方有55个都是善神,东方的44个腾格里都是恶神。景颇族表现传统信仰的史诗《穆瑙斋瓦》中所祭的鬼就有34种,各不相同。水族的巫书《水书》中收录并给予祭祀的善鬼就至少有54个,各有其名,专司不一,恶鬼至少有99个,鬼性各一[①]。凡此等等,不胜枚举。

这种信仰态势,自然而然地铸成了中国人民间信仰多样性的特征。君不见,古往今来,中国人从天到地,从人到灵,从动物到植物,从幻想物到超自然力,只要你想象得到的一切人和物,中国民间都会创造出一个神来加以供奉和膜拜。

三

文化是要表达的。世上没有不表达的文化,只有表达的

---

① 乌丙安:《中国民间信仰》,上海人民出版社1965年版,第5页。

文化。多元、多样的特点必然会给中国人的民间信仰带来多彩的文化表达。

如在中国人的民间信仰中,灵魂不死观念的表达就光怪陆离。神是宗教及神话中所幻想的、主宰物质世界和精神世界的超自然的存在,据说正直之人死后可为神,动物植物也能成神;而仙是古代道家和方士所幻想的一种超出人世、长生不老之人,他们是由凡人修炼而成;鬼则是人死后不灭的精灵。神、仙、鬼的不同形象,反映了中国人的民间信仰的多彩。

又如佛教诸神是外来的神,道教诸神是中国本土的神。据印度佛教教义,佛是人而不是神,但佛教传入中国后,与中国的传统文化融合而逐步中国化。自宋代开始,佛道两教逐渐打通。这种打通还包括了儒学(有的认为是儒教)的融入,在民间,孔子、观音、弥勒、玉皇大帝、东岳大帝、碧霞元君、吕祖等,都是信仰最广的神祀,所以明清时代的民间祀祠与道观佛寺似乎很难区别,许多民间杂神祠庙或以僧主持或以道主持,也反映了中国人的民间信仰的多彩。

说到这里,笔者想起曾参加过广西贺州瑶族三天三夜的

"还盘王愿"仪式,感受颇深。

"还盘王愿",瑶族又称为"做堂"、"搞愿"、"踏歌堂",举行仪式时要请四位师公,即还愿师、诏禾师、赏兵师、五谷师;四位艺人,即歌娘、歌师、长鼓艺人、唢呐艺人;六位童男童女和厨官厨娘。仪式一开始是请圣挑鬼上光约标,请各路外姓神鬼,即不是瑶族的神鬼到来,设宴招待,接着就祭五谷兵马,引禾归山,祈求丰收,所祭之神以道教神祇和农神雷神为主。在这个请神、请鬼的过程中师公要唱经书。

请神、请鬼和唱了《盘王大歌》后,是请瑶族的祖先神来"流乐"[①]。这时把道教方面的神像全部撤去,供上长鼓、瑶锦以及用红纸剪凿而成代表瑶族祖先的连州大庙、福江大庙、行平大庙、福灵大庙的神庙凿花,其中福江大庙供奉的是盘王,连州大庙供奉的是唐王,行平大庙供奉的是十二游师,福灵大庙供奉的是五婆圣帝。长鼓艺人表演长鼓舞,歌师歌娘出来围歌堂,童女作新娘装扮以娱盘王。接着就摆下洪沙

---

① "流乐",即瑶语,意"玩乐"的意思。

大筵,众师公和还愿的家主一齐坐台,诵唱《盘王大歌》。最后众人一齐送盘王归去,还愿活动即告结束。①

三天三夜不停地举行着仪式(据说最长的还盘王愿要举行七天七夜),人们虔诚而热情,丰富多彩自不在话下。

凡此种种文化表达,也就自然而然地构成了中国民间信仰多彩的特征。如有福神的福星高照,福运绵长;禄神的加官进禄,富贵荣华;有寿星的寿山福海,星辉南极;有伏魔大帝义炳乾坤,万世人极;有保生大帝慈悲济世,救死扶伤;有媒神的红线拴住脚,千里结姻缘;甚至有驱邪神的大公在此,百无禁忌;有镇鬼神的铁面魁犀,威镇鬼魅;有厕神紫姑的占卜众事,预知祸福,等等,这些都显得人的精神世界像个"万花筒"的花花大世界。

四

多元、多样、多彩的中国民间信仰,本是普通老百姓日常

---

① 刘小春:《瑶族"还盘王愿"与〈盘王大歌〉浅探》,载广西瑶学会编:《瑶学研究》第二辑,广西民族出版社1992年版,第203—205页。

生活的一部分,其中虽有糟粕,但不可全概以"封建迷信"。其中的精华更亟待保护。

冲击首先来自韩国。2005年11月24日联合国教科文组织第三批宣布无形遗产名单时,由韩国申报的江陵端午祭被联合国教科文组织正式确定为"人类传说及无形遗产著作"。一石激起千层浪。围绕着端午节申遗之争,从2005年11月底开始,在中国学术界和民间都产生了极大的反响。有人冷眼看韩国端午节申遗成功。中韩两国在端午节申遗上各显神通,但是最后,中国落败。起源于我国,并且一直延续的一个传统节日,却被另一个国家申遗成功,这是一个发人深省的问题。

端午节起源于我国,这是不争的事实,韩国也承认这一庆典起源是来自中国的传统文化。除我国汉族外,还有满、蒙古、藏、苗、彝、畲、锡伯、朝鲜等约28个少数民族都会庆祝这个节日。不仅如此,端午节还很早地传入了日本、韩国、朝鲜、越南等国家,这些国家至今还在欢度端午佳节。由韩国申报的江陵端午祭,就源于中国远古的祭龙日,它的远古文化蕴涵是用龙的威慑力驱除所有的灾疫邪祟。

韩国的江陵端午祭本身是一种祭祀活动,主要是祭祀地方的保护神和英雄等,还有一些群众性的娱乐活动。它原名"江陵祭",已有一千多年的历史。直到1926年,因为其时间是从每年的农历四月十五持续到五月初七,与中国的端午节相近,才更名"江陵端午祭"。值得一提的是,在韩国申遗时,首先承认这一庆典起源是来自中国的传统文化,就是端午的时间框架的选择。但是实际上,韩国江陵端午祭是由舞蹈、萨满祭祀、民间艺术展示等内容构成,与我国端午节包含了吃粽子、赛龙舟、纪念屈原等一系列中国传统文化的内容并不相同。

虽然如此,因为端午节起源于中国,如果从端午节起源来看,中国的端午节最应该被批准为"人类传说及无形遗产著作"。所以韩国的申遗成功多少有点出乎意料,对于中国人民来说,多少有些失落。但是,因为人类口头遗产和非物质遗产代表作需要具备唯一性、完整性和真实性这三个特点,其他国家的端午节不满足前两个条件,而韩国的申遗成功凭借的就是自己的保护与重视程度,从这点来看,中国是不能比的。

韩国申遗成功的冲击,引起了中国对非物质文化遗产保护的强烈反思,其中重要的一点是非物质遗产在中国破坏大于保护。特别可怕的是长期反对封建迷信的大棒早已把中国民间极为丰富多彩的信仰文化摧毁了。

其实,中国的民间信仰伴随着历代民众的艰苦岁月,十分缓慢地度过了千万年时光。从远古史前时期的遗址祭坛和残缺的众神偶像上,发掘出中国史前文化史上原始信仰的珍贵形象,又从现存的中国五十六个民族数亿万言的口碑文化史中,也已经读到了浩瀚的植根于乡土文化的准宗教实录和鲜活生动的篇章。民间信仰,在中国文化史上,不容讳言,确实有它极其厚重的分量[①]。因此,对民间信仰的研究具有重要的学术价值和现实意义。

从学术价值上来说,正如历史人类学家郑振满和陈春声在《民间信仰与社会空间》导言中所说:

> 民间宗教研究在中国社会文化史研究中的价

---

① 乌丙安:《中国民间信仰·绪言》,上海人民出版社1965年版,第1页。

值,不仅仅在于我们可以把宗教研究作为一种认识手段,更深刻地理解蕴含于仪式行为和周期性节日活动背后关于宇宙、时间、生命和超自然力量等问题的观念,从而有可能用"理性"的方法,认识潜伏于普通百姓日常行为之下的有关"世界观"的看法;也不仅仅这样的研究可能有助于弥补在都市中接受现代教育而成长的一代研究者的知识缺陷,增长他们的见闻,开阔他们的视野,并为其学术生活添加一些有启发性的素材、灵感或有趣的饭后谈资。吸引众多的研究者去关注民间信仰行为的更重要的动机,对于这种研究在揭示中国社会的内在秩序和运行"法则"方面,具有独特的价值和意义。①

从现实意义而言,当下正热火朝天进行着的非物质文化遗产保护,主要指与有形的、物质的文化遗产相对应的那部

---

① 郑振满,陈春声主编:《民间信仰与社会空间》,福建人民出版社2003年版,第1页。

分文化遗产,包括传统口头文化和行为文化。而民间信仰是在广大民众中自发产生并自然传播的神灵与神物崇拜,它寄托着广大民众对平安、幸福生活的祈求、期望和追求,并以口头或行为的形式广泛地存在于各种民俗事象之中,不仅是非物质文化遗产的重要组成部分,而且是诸多非物质文化事象形成的生命之源和赖以生存的土壤[①]。所以,我们再也不能干消灭民间信仰的傻事了。陈桥驿先生曾说过:"历史上也有极少数绝顶聪明的人,他们洞悉这类崇拜和信仰其实都是子虚,但他们并不出头公开反对,因为他们同时明白,人类的这种崇拜和信仰,既是难以改变的,却是可以利用的。孔子就是其中的代表,他说'敬鬼神而远之',实在就表达了自己不信鬼神存在的观点。""当然,由于祀神祭鬼的事由来已久,他深知此事不仅不可抗拒,而且值得因势利导。"[②]

---

① 向柏松:《民间信仰与非物质文化遗产保护》,载《中南民族大学学报》,2006年第5期。
② 陈桥驿:《万物之灵——中国崇拜文化考源·序》,载吕洪年:《万物之灵——中国崇拜文化考源》,广西民族出版社1996年版。

陈桥驿先生的一些观点,对当下中国的非物质文化保护有重要的启示:一是人类永远会有不可认识、无法解释的问题,从而会陷于"愚昧";二是有"愚昧"就永远会有崇拜和信仰;三是有崇拜和信仰,人类就会不断地创造出各式各样的神、仙、鬼、怪;四是民间信仰是草根文化,是地方性知识;五是对这种草根文化既要尊重敬畏,又要分清良莠。所以,当下明确民间信仰的内涵、价值、意义,以及未来走向,对保护非物质文化有着特定的现实意义。

五

兜着圈子讲了这么多,现在笔者才奔主题,讲讲徐华龙先生主编的"民间信仰口袋书系列"。

2014年4月,笔者在上海交通大学人文学院进行学术交流时,华龙君来访,谈到了他主编的这套书。这套书第一辑共有:《鬼》《神》《仙》《妖》《怪》《精》。这是一个庞大而系统的中国民间信仰学术工程,笔者听后十分赞赏。

交流之中,华龙君想让笔者为这套口袋书写一个总序。

想到半个多世纪来"封建迷信"对中国民间信仰的涤荡,看到当下非物质文化保护的需要,笔者欣然接受了邀请。

为了写这篇总序,适才兜着圈子讲了中国民间信仰多元、多样和多彩的特点,讲了中国民间信仰的学术内涵、价值、意义,以及未来走向,目的是为了让读者认识和了解这套口袋书的价值和意义,此其一。

其二,近几年来,有关中国民间信仰的书也出了不少,主要有乌丙安的《中国民间信仰》(上海人民出版社 1995),吕洪年的《万物之灵——中国崇拜文化考源》(广西民族出版社 1996),张广智、高有鹏的《民间百神》(海燕出版社 1997),殷伟的《中国民间俗神》(云南人民出版社 2003)等。

乌丙安的《中国民间信仰》将中国的民间信仰崇拜形式归纳为对自然物、自然力的崇拜;对幻想物的崇拜;对附会以超自然力的人物的崇拜;对幻想的超自然力的崇拜四大类。这种分类概括性强,学术性也强,对学术界有用,但通俗性不够。

张广智、高有鹏的《民间百神》将民间百神分灶神、门神、家神、土地、路神、财神、火神、水神、龙神、福禄寿三星、送子神、城隍、玉皇大帝、风、雨、雷、电、日神、月神、星君、石头神、疫神、花神、草神、鸟神、虫神、树神、兽神、行业神等二十余种,因囿于中原地区,仅具有地方特点,且缺乏概括性。

吕洪年的《万物之灵——中国崇拜文化考源》将民间信仰分为自然崇拜、动物崇拜、植物崇拜、图腾崇拜、器物崇拜、躯体及脏器崇拜、生殖崇拜、数字崇拜、色彩崇拜九大类,且从考源视角切入,具有很高的学术价值,但通俗性也不够。

殷伟的《中国民间俗神》将中国民间俗神分为吉祥神、佑护神、居家神、出行神、婚育神、文化神、动物神、植物神、自然神、行业神十类。这种分类古今相混,传统与现代纠结,缺乏原生意义。

相比之下,华龙君的"民间信仰口袋书系列"分类细、定位准、结构严、资料丰,可谓集中国民间信仰研究之大成。

其三,华龙君的这套口袋书,诸位作者中,有教授,也有博士;有老民俗学者,也有年轻的民俗学者,可谓近年中国民间信仰研究者的一次集中亮相和检阅,反映了中国民间信仰研究队伍的壮大和发展。

其四,华龙君的这套口袋书,对中国民间信仰的重构,可以提供一个资料库,提供一个样本,提供一个指导。这可能是当下非物质文化工作最需要的。

其五,华龙君的这套书定位为"口袋书",顾名思义就是小巧,携带方便,价格平实,人们不用咬着牙、省吃俭用才买得起。

为了中国民间信仰的保护和发展,提起了笔,就刹不住"车"了,是以为序。

徐杰舜

2014 年 6 月

目 录

第一篇　志怪传统 / 1
　　以"怪"论事 / 3
　　"怪"为何物 / 14
　　妖精怪同道 / 30
　　物老为怪 / 42

第二篇　庞杂怪族 / 79
　　自然怪状如人 / 81
　　器物幻化成怪 / 100
　　奇异植物为怪 / 113
　　飞禽走兽作怪 / 126
　　双重"怪"异性 / 144

第三篇 闯人世之怪 / 159
    肆虐作祟 / 161
    人怪相恋 / 166
    风雅怪事 / 178

第四篇 面对怪之人 / 187
    祭神如神在 / 189
    一物降一物 / 205
    见怪不怪 / 211

第五篇 怪韵流变 / 233
    精怪混沌体 / 235
    法术畅行 / 240
    人化之怪 / 248
    怪信仰积淀 / 258

参考文献 / 271
后记 / 281

第一篇 志怪传统

以"怪"论事

在中国传统文化的历史长河中,"怪"无论作为一种形象还是作为一种信仰都可以说是源远流长、根脉悠远。

"怪"这类民俗文化事象作为中国民众思想体系中不可或缺的重要部分,在老百姓的生活中被津津乐道,因而也受到了文人的广泛关注,由此,有关"怪"的记载也是卷帙浩繁。在中国,自小说发源之时,对于"怪"的记述与描摹就屡见不鲜。此后,随着古代小说文体的形成、发展以及兴盛,其中关于"怪"的叙述更是数不胜数,使"怪"逐渐成为中国古代小说中特色极为鲜明的一类艺术形象。

"志怪"一词最早见于《庄子》,其《逍遥游》篇曰:"齐谐者,志怪者也。"陆德明《经典释文》曰:"志怪:志,记也;怪,异也。"也就是说,所谓"志怪"的意思就是记载怪异之事。六朝时记异语怪之书大行其道,遂有人以"志怪"为书名,如孙约的《孔氏志怪》、祖台之的《志怪》等,使"志怪"一词逐渐成为这类书的通称。时至唐代,段成式将"志怪"与"小说"相连,以突出志怪书对于"怪"形象演绎的特点。此后,明人胡应麟以"志怪"为小说之一类,而进一步赋予"志怪"以小说分类学的确切含义。直至鲁迅在划分古代小说的门类时,以"志人"与"志怪"对举,"志人"侧重于记人物言行片断和琐闻轶事,"志怪"则侧重于记录神仙鬼怪的行径与故事。本书中所谓"志怪"仍取陆德明所释之意——记异,也即"志怪"最普遍意义上的范畴,只考虑古代的志异、搜神、杂俎、广录等题皆含有志怪意义,以便拓宽视野,目的在于将研究领域扩展到中国古代小说,最大程度上收集有关怪的描绘与记载,扩大研究对象范围,尽可能展示"怪"这类民俗信仰对象的文化内涵与价值。

中国古代小说中的志怪传统由来已久。先秦时期,小说还处于起源阶段,一些经、史、子、集中具有一定故事情节的片断常被后人作为萌芽状态的小说分析,其中即多鬼神精怪之事。《左传·文公十八年》载:"缙云氏有不才子,贪于饮食,冒于货贿,侵欲崇侈,不可盈厌,聚敛积实,不知纪极,不分孤寡,不恤穷匮,天下之民以比三凶,谓之饕餮。"这里记述的"饕餮"即"怪"的一种。在周代,饕餮是刻于青铜器上的一种怪物,以贪吃人而著称。《吕氏春秋·先识》中有记曰:"周鼎著饕餮,有首无身,食人未咽,害及其身。"于是,饕餮便成为贪得无厌的代名词。

秦汉之际,虽然小说作为独立的文学体裁出现尚早,但已经出现了记录怪异的"准志怪小说"[①],如《汲冢琐语》和《山海经》。《汲冢琐语》本名《琐语》,以国别体纪事,但并非信史,主要内容是卜筮占梦、预言吉凶、记录妖异等,被称为"诸国卜梦妖怪相书也"[②]。《山海经》则更为著名,其记载了山、水、各邦国及其之间的关系,还有各地地理风貌、乡土民俗、重要物产和奇禽异兽、神灵鬼怪及多个人物及其活动、世

---

① 所谓"准志怪小说",就是指尚未成熟的志怪小说,陈文新持此观点,详见《文言小说审美发展史》,武汉大学出版社,2002年版。侯忠义也持此观点,不过其以"准神怪"代替"准志怪",目的在于避免将"志怪"仅仅圈定在魏晋南北朝时期的狭隘,而用"神怪"扩大其覆盖面,详见《汉魏六朝小说简史·唐代小说简史》,山西人民出版社,2005年版。
② 《晋书·束晳传》。

系和神话传说,可以称为一部大百科全书。^①如果从小说史的角度来说,《山海经》具备志怪小说的性质,可称为"准志怪小说"。《四库全书总目提要》较为准确地捕捉到了《山海经》的小说特质,言其"书中序述山水,多参以神怪,故《道藏》收入太元(玄)部兢字号中。究其本旨,实非黄、老之言。然道里山川,率难考据,按以耳目所及,百不一真,诸家并以为地理书之冠,亦未为允。核实定名,实则小说之最古者尔",遂将其从"史部地理类"改入"小说"。^②作为小说体裁,对于"怪"的描摹与演绎则会更加充分和形象。如前文所述,关于饕餮的文字记载也出现于《山海经》中,其《北山经》篇有云:"钩吾之山其上多玉,其下多铜。有兽焉,其状如羊身人面,其目在腋下,虎齿人爪,其音如婴儿,名曰狍鸮,是食人。"根据晋代郭璞对《山海经》的注解,这里说的狍鸮即指饕餮。

---

① 关于《山海经》性质的界定也是众说纷纭,《汉书·艺文志》将其列为术数略形法家之首,鲁迅则称其为"古之巫书"。当然,最有影响的还是"地理博物志说",得到认同的程度也最大。
② 《四库全书总目》卷一四二小说家类三。

《神异经·西荒经》中也有云:"饕餮,兽名,身如牛,人面,目在腋下,食人。"这两则记载便把"饕餮"的形象更加具体化,也有了不同成分的描摹。

时至汉代,小说开始成为一种记录街谈巷议之类传闻故事的文体。班固根据西汉刘向、刘歆父子分类图书目录《七略》编成《汉书·艺文志》,其《诸子略》著录小说《伊尹说》、《鬻子说》、《周考》等十五种,可惜至隋代全部失传,只能依据书名、班固自注、颜师古注与部分佚文来考察、推测其有一部分内容为记鬼神巫祝与求仙长生之事,当属志怪范畴。现存的汉代小说,《汉书·艺文志》均未录,诸如《神异经》、《洞冥记》、《十洲记》、《列仙传》、《神仙传》、《汉武故事》、《汉武内传》等一系列作品,内容虽各有侧重,但大都秉承志怪传统,弥漫着神仙鬼怪的神秘气息。①

魏晋南北朝是个动乱的时期,朝代更迭、民不聊生,此时

---

① 这些作品中,有的虽题名汉代人所作,但实为假托,由来已久。如《神异经》、《十洲记》皆为托名东方朔所作,《洞冥记》也被质疑非郭宪所作。

佛、道二教得到空前发展,为小说创作注入了新的内容,也使得志怪之书广为流传:"中国本信巫,秦汉以来,神仙之说盛行,汉末又大畅巫风,而鬼道愈炽;会小乘佛教一入中土,渐见流传。凡此,皆张皇鬼神,称道灵异,故自晋讫隋,特多鬼神志怪之书。"[①]这一时期比较有代表性的作品有《列异传》、《博物志》、《搜神记》、《幽明录》、《拾遗记》等,其中记述了大量的鬼怪形象。另外,此时的志人小说发展也十分迅速,出现了《笑林》、《语林》、《世说新语》、《殷芸小说》等。鲁迅曾指出此类小说内容上的特点,"或者掇拾旧闻,或者记述近事,虽不过丛残小语,而俱为人间言动,遂脱志怪之牢笼也"[②],说明志人小说已不再以记异说怪为主要内容,因此其中的怪的形象并不算多。当然,这并不意味志人小说丝毫没有怪异内容,比如《语林》中关于嵇康的一则记录,刻画文人名士的

---

① 鲁迅:《中国小说史略》,《鲁迅全集》第九卷,人民文学出版社,1973年版,第183页。
② 鲁迅:《中国小说史略》,《鲁迅全集》第九卷,人民文学出版社,1973年版,第201页。

性格便不惜用志怪题材来进行描绘:"嵇中散灯下弹琴,忽有一人面甚小,斯须转大,遂长丈余,单衣革带。嵇视之既熟,吹其灯灭曰:'吾耻与鬼魅争光。'"[①]由此可见,作为传统,志怪仍然是文人描绘和创作的主要手段之一。与前代相比,魏晋南北朝时期小说中所描述的怪的形象更多,行为做事也更贴近生活,并非之前充满奇谲色彩的非现实生物,而多是人们生活中经常接触的事物,比如狐狸、蛇、树以及器物之类变化而成的怪。

到了唐代,小说发生了质的变化,如鲁迅所言,"虽尚不离于搜奇记逸,然叙述宛转,文辞华艳,与六朝之粗陈梗概者较,演进之迹甚明,而尤显者乃是时则始有意为小说"[②],也就是说此时的文人开始有意识地创作小说,这使得对于"怪"的描摹也就更加的详细和生动。而这时"志怪小说"的概念也正式出现,段成式在《酉阳杂俎·序》中称"固役而不耻者,

---

① 《太平御览·火部三》。
② 鲁迅:《中国小说史略》,《鲁迅全集》第九卷,人民文学出版社,1973年版,第211页。

抑志怪小说之书也"①,以此来概括自己所著书的内容,说明书中所记录的不过是些不登大雅之堂的奇闻怪事。六朝志怪小说传统对唐代的影响十分深刻,如《冥报记》、《广异记》、《潇湘录》、《酉阳杂俎》以及单篇的《古镜记》、《补江总白猿传》等都是对六朝志怪题材的继承和发展。此外,唐代小说最为人瞩目的还是传奇体的兴起和繁荣。传奇是文人有意创作小说的产物,其创作手法多少冲击了志怪小说的传统写法,使唐代志怪小说大都结构完整、情节曲折、人物突出,并非六朝志怪所能比肩,有时与传奇小说的界限也难以划清。②其实,从一般意义上讲,传奇就是放大了的志怪小说,

---

① 段成式:《酉阳杂俎》,方南生点校,中华书局,1981年版,第1页。
② 胡怀琛曾从体制上归纳出传奇的五大特性:"(1) 每件少则几百字,多则一千二千字,尤以一二千字以上独立成篇的为佳。(2) 每件包含一个故事。故事中的人物,大概不外乎是神仙、妖怪;才子、佳人;武士、侠客。(3) 独立成篇的,每篇自首至尾,有很精密的组织。(4) 词藻很华丽,很优美。(5) 和纪事的'古文'不同。古文中的事'真'的部分多,'假'的部分少。传奇则和它相反,'真'的部分少,'假'的部分多,甚至全是假的。"详见《中国小说概论》,中国书店影印本,1985年,第15页。

鲁迅曾言:"传奇者流,源盖出于志怪,然施之藻绘,扩其波澜,故所成就乃特异。"①因此,无论传奇还是志怪,其中都记录和描绘了众多关于怪的故事,具有相当重要的研究价值和意义。

宋代小说创作成就总体不如唐代,但在文献方面却出现了两个标志性成果:一是《太平广记》的编撰;一是洪迈的个人作品《夷坚志》的出现。《太平广记》是李昉等人奉宋太宗之命集体编纂而成,其按题材将主体内容分为九十二类,其中便有"妖怪"与"精怪"类,记载了大量的关于"怪"的故事。②《夷坚志》原有四百二十卷,规模与《太平广记》不相上下,今存二百零六卷,共二千七百余篇,杂录鬼神精怪、巫妖医卜、风尚习俗等,也是"怪"形象集中出没的主要文本之一。另外,宋代较为出名的志怪之作还有《北梦琐言》、《青琐高议》、《投辖录》等,到金元时期又相继出现了《续夷坚志》、《湖

---

① 鲁迅:《中国小说史略》,《鲁迅全集》第九卷,人民文学出版社,1973年版,第212页。
② 另外还有大量的精怪记载分布于"灵异"类等。

海新闻夷坚续志》、《异闻总录》等。除此之外,在唐宋开始兴起的白话小说中,志怪题材也占极大比重。宋话本中便记有"灵怪"一类,据《醉翁谈录》载包括《杨元子》、《汀州记》、《崔智韬》、《李达道》、《红蜘蛛》、《铁瓮儿》等十六篇。① 此外,还有较为出名的单篇作品,如《西湖三塔记》、《洛阳三怪记》、《定州三怪》等也皆以怪物生事为主要描写对象。②

明清时期是中国古代小说发展的又一高峰,其中的志怪题材长盛不衰。首先,继承传统志怪小说手法的创作层出不穷,如《志怪录》、《庚巳编》、《耳谈》、《池北偶谈》、《新齐谐》、《右台仙馆笔记》等皆以记录怪异为主要内容,更为著名的是《阅微草堂笔记》和《聊斋志异》。《阅微草堂笔记》为"追摹南北朝志怪小说质朴简淡的文风,重实录而少铺陈,多议论而少描写"③ 的模

---

① 《醉翁谈录·舌耕叙引》中《小说开辟》将说话分灵怪、烟粉、传奇、公案、朴刀、杆棒、神仙、妖术等八类。
② 现存宋人话本多为明人汇辑、刊行,此几篇皆为胡士莹推勘为宋人作品者,详见《话本小说概论》,中华书局,1980年版,第195—234页。
③ 刘勇强:《中国古代小说史叙论》,北京大学出版社,2007年版,第404页。

板,《聊斋志异》则为"用传奇法,而以志怪"①的典范,两者虽笔法不同,但却皆以"怪"论事,具有大量的精怪叙事。其次,在宋元话本发展的基础上,明清话本继续盛行,并展现出日渐书面化的倾向,出现了大量的拟话本,成为专供阅读的白话短篇小说。②此时,编辑、刊行话本总集也风行一时,影响最大的是冯梦龙的《喻世明言》《警世通言》《醒世恒言》,以及凌濛初的《初刻拍案惊奇》《二刻拍案惊奇》,合称"三言二拍"。"三言二拍"虽多翻录陈书、铺陈旧事,但经文人的去芜存菁、整理润色,也为其中的精怪描写增色不少。另外,在宋元说话艺术的基础上,章回体长篇小说开始形成,并于明清之际蓬勃发展,成为中国古代小说的一种主要体式。其中,即有"神魔小说"一门:"所谓义利邪正善恶是非真妄诸端,皆

---

① 鲁迅:《中国小说史略》,《鲁迅全集》第九卷,人民文学出版社,1973年版,第216页。
② 拟话本和话本并不相同,胡士莹有所论述,其主要观点是:话本是口头文学的记录,是民间说唱的记录;拟话本则是文人模拟话本形式的书面文学,实际上就是白话短篇小说,详见《话本小说概论》,中华书局,1980年版,第399—400页。

混而又析之,统于二元,虽无专名,谓之神魔,盖可赅括矣。"①鲁迅所谓的神魔小说专指明代以神怪为题材的小说,神主要包括神仙、佛祖、菩萨等,而魔则指妖魔鬼怪等,比如《西游记》中所载的各类怪的形象。

从中国小说的发展史来看,志怪传统一直绵延不断,从最初只是对怪进行简单的记录到以后出现大量有关怪的叙述,以至开始着意刻画怪的形象,塑造怪的性格,描绘怪与人的种种关系并借此表情达意。可以说,在中国古代小说中,志怪传统经久不衰、影响甚广。

"怪"为何物

自古以来,无论是人们口头的传说故事中,还是在有资料可查的文字记载中,都存在着极其丰富的关于"怪"的讲述

---

① 鲁迅:《中国小说史略》,《鲁迅全集》第九卷,人民文学出版社,1973年版,第160页。

与认识。也就是说,中国文化具有悠远的志怪传统,虽然如此,但在人们的想象与传述之中,"怪"依然被蒙上一层神秘的面纱,它并没有一个十分确定的模样与形态。从各种传说与记述中可见,它们似神类鬼、形象万变、行踪不定、表现各异,因此很难用文字准确地描绘和定义。

"怪"到底是何物?各种口传或是文本都有其说法。《殷芸小说》中记载的汉武帝和东方朔见到的"怪哉虫"就是很好的例子:

> 武帝幸甘泉宫,驰道中有虫,赤色,头目牙齿耳鼻悉尽具,观者莫识。帝乃使朔视之,还对曰:"此'怪哉'也。昔秦时拘系无辜,众庶愁怨,咸仰首叹曰:'怪哉怪哉!'盖感动上天,愤所生也,故名'怪哉'。此地必秦之狱处。"即按地图,果秦故狱。又问:"何以去虫?"朔曰:"凡忧者得酒而解,以酒灌之当消。"于是使人取虫置酒中,须臾,果糜散矣。

传说有这样一种虫子,红色且五官具备。汉武帝不认识,便叫东方朔来辨认,东方朔说虫子乃是由怨气所化,叫做"怪哉",只要给它灌酒解愁,虫子便会消失。当然,东方朔的解释只是借用"怪"的概念言事,实际上是借古讽今,婉谏汉武帝要施行仁政,以免像秦朝一样引起民众的怨恨。但其中也透露出了"怪"概念的一般含义即鲜有、稀奇之物。

《说文》释"怪"为"异也",即一切反常的现象都属于"怪"的范围。由此可知,凡事或物只要人们没有见过的,或者是不以其正常的形象或规律出现的,那么就很容易跟"怪"扯上关系。先来看《夷坚志》中所记载的《促织怪》这则故事:

> 洪庆善为湖州教授日,当秋晚,宴坐堂上,闻庭下促织声极清,诣其所听之,则声如在房外,复往房外,则又在庭下,甚怪之。别令一人往听,则移在床下。又诣床下,则乃在其女床侧,竟不能测。是年,妻丁氏捐棺。次年,女亡。

故事讲的是一只促织(也就是蟋蟀)在家中闹事的情况。在这里,所谓的"促织怪"并不是一种由促织变化而成的怪物,而是指促织在屋舍内外到处出声,却找不到其准确的位置,这是一件非常奇怪的事情,因而引起了人们的关注。当然,这种不太正常的现象一旦出现便预示着主人一家的灾难——妻死女亡,因此"怪"的出现通常是具有暗示意义的,而这种暗示基本是灾难的开始。

从更深层的意义上讲,"怪"一般指的是具有非凡的、超自然的能力,能够变幻无常的形象,是对其自然属性进行较大程度的超越。比如,同样是促织,蒲松龄《聊斋志异》中所记述的"促织怪"的形象则完全不同:

> 宣德间,宫中尚促织之戏,岁征民间。此物故非西产。有华阴令,欲媚上官,以一头进,试使斗而才,因责常供。令以责之里正。
>
> 市中游侠儿,得佳者笼养之,昂其直,居为奇货。里胥猾黠,假此科敛丁口,每责一头,辄倾数家之产。
>
> 邑有成名者,操童子业,久不售。为人迂讷,遂为猾胥报充里正役,百计营谋不能脱。不终岁,薄

产累尽。会征促织,成不敢敛户口,而又无所赔偿,忧闷欲死。妻曰:"死何益?不如自行搜觅,冀有万一之得。"成然之。早出暮归,提竹筒铜丝笼,于败堵丛草处探石发穴,靡计不施,迄无济。即捕三两头,又劣弱,不中于款。宰严限追比,旬余,杖至百,两股间脓血流离,并虫不能行捉矣。转侧床头,惟思自尽。

时村中来一驼背巫,能以神卜。成妻具资诣问,见红女白婆,填塞门户。入其室,则密室垂帘,帘外设香几。问者爇香于鼎,再拜。巫从旁望空代祝,唇吻翕辟,不知何词,各各竦立以听。少间,帘内掷一纸出,即道人意中事,无毫发爽。成妻纳钱案上,焚香以拜。食顷,帘动,片纸抛落。拾视之,非字而画:中绘殿阁类兰若,后小山下怪石乱卧,针针丛棘,青麻头伏焉;旁一蟆,若将跃舞。展玩不可晓。然睹促织,隐中胸怀,折藏之,归以示成。

成反复自念:"得无教我猎虫所耶?"细瞻景状,

与村东大佛阁真逼似。乃强起扶杖,执图诣寺后,有古陵蔚起。循陵而走,见蹲石鳞鳞,俨然类画。遂于蒿莱中侧听徐行,似寻针芥,而心、目、耳力俱穷,绝无踪响。冥搜未已,一癞头蟆猝然跃去。成益愕,急逐之。蟆入草间,蹑迹披求,见有虫伏棘根,遽扑之,入石穴中。掭以尖草不出,以筒水灌之始出。状极俊健,逐而得之。审视,巨身修尾,青项金翅。大喜,笼归,举家庆贺,虽连城拱璧不啻也。上于盆而养之,蟹白栗黄,备极护爱。留待限期,以塞官责。

成有子九岁,窥父不在,窃发盆,虫跃掷径出,迅不可捉。及扑入手,已股落腹裂,斯须就毙。儿惧,啼告母。母闻之,面色灰死,大骂曰:"业根,死期至矣!翁归,自与汝复算耳!"儿涕而出。

未几,成归,闻妻言如被冰雪。怒索儿,儿渺然不知所往;既而,得其尸于井,因而化怒为悲,抢呼欲绝。夫妻向隅,茅舍无烟,相对默然,不复聊赖。

日将暮,取儿藁葬,近抚之,气息惙然。喜置榻上,半夜复苏,夫妻心稍慰。但儿神气痴木,奄奄思睡,成顾蟋蟀笼虚,则气断声吞,亦不复以儿为念,自昏达曙,目不交睫。东曦既驾,僵卧长愁。忽闻门外虫鸣,惊起觇视,虫宛然尚在,喜而捕之。一鸣辄跃去,行且速。覆之以掌,虚若无物;手裁举,则又超而跃。急趁之,折过墙隅,迷其所往。徘徊四顾,见虫伏壁上。审谛之,短小,黑赤色,顿非前物。成以其小,劣之;惟彷徨瞻顾,寻所逐者。壁上小虫。忽跃落襟袖间,视之,形若土狗,梅花翅,方首长胫,意似良。喜而收之。将献公堂,惴惴恐不当意,思试之斗以觇之。

村中少年好事者,驯养一虫,自名"蟹壳青",日与子弟角,无不胜。欲居之以为利,而高其直,亦无售者。径造庐访成。视成所蓄,掩口胡卢而笑。因出己虫,纳比笼中。成视之,庞然修伟,自增惭怍,不敢与较。少年固强之。顾念:蓄劣物终无所用,不如拼博一笑。因合纳斗盆。小虫伏不动,蠢若木鸡。少年又大笑。试以猪鬣毛撩拨虫须,仍不动。少年又笑。屡撩之,虫暴怒,直奔,遂相腾击,振奋作声。俄见小虫跃起,张尾伸须,直龁敌领。少年大骇,急解令休止。虫翘然矜鸣,似报主知。成大喜。

方共瞻玩,一鸡瞥来,径进以啄。成骇立愕呼。幸啄不中,虫跃去尺有咫。鸡健进,逐逼之,虫已在爪下矣。成仓猝莫知所救,顿足失色。旋见鸡伸颈摆扑;临视,则虫集冠上,力叮不释。成益惊喜,掇置笼中。

翼日进宰。宰见其小,怒诃成。成述其异,宰不信。试与他虫斗,虫尽靡;又试之鸡,果如成言。乃赏成,献诸抚军。抚军大悦,以金笼进上,细疏其能。既入宫中,举天下所贡蝴蝶、螳螂、油利挞、青丝额……一切异状,遍试之,无出其右者。每闻琴瑟之声,则应节而舞,益奇之。上大嘉悦,诏赐抚臣名马衣缎。抚军不忘所自,无何,宰以"卓异"闻。宰悦,免成役;又嘱学使,俾入邑庠。后岁余,成子精神复旧,自言:"身化促织,轻捷善斗,今始苏耳。"抚军亦厚赉成。不数岁,田百顷,楼阁万椽,牛羊蹄躈各千计。一出门,裘马过世家焉。

异史氏曰:"天子偶用一物,未必不过此已忘;而奉行者即为定例。加之官贪吏虐,民日贴妇卖儿,更无休止。故天子一跬步皆关民命,不可忽也。独是成氏子以蠹贫,以促织富,裘马扬扬。当其为里正、受扑责时,岂意其至此哉!天将以酬长厚者,遂使抚臣、令尹并受促织恩荫。闻之:一人飞升,仙及鸡犬。信夫!"

在《聊斋志异》的这则故事里,儿子不小心弄死了需要进献的蟋蟀,从而给父亲带来了灾祸。儿子心心念念地惦记着这件事,于是自己变成了蟋蟀,虽然看上去比较弱小,但却在"斗蟋蟀"的"征战"中屡战屡胜,从而帮助父亲免去了惩罚。在这里,人变成动物也应该称之为"怪",但其又与之前只是到处出声而找不到实体的"促织怪"不属于同种类型,这里的人变促织是两种物性之间的幻化,应该算是真正意义上的比较典型的"怪"。

与此相关,"怪"一般都是两种物体之间的相互转换,是物性的改变或是升级,无须依靠自身之物来作为变化的依据,具有直接变化的功能。例如流传于山东沂蒙山区的《炊帚姑娘买花》:

> 秦王川北端有一大片石山,川里人称它为北山。北山脚下,早年住着一户关外的人家。不知啥时候,这户人家悄没声儿地搬到别处去了,只剩座破落庄院任风雨吹打。墙头屋顶,长满了绿色的青苔;屋子没门没窗,早已成了鸟雀的乐园。南来北往的过路人也把它当作临时客栈。
>
> 那年,一个老盐客领了两个儿子去北山贩盐,大的叫庄娃,小的叫二娃。当晚父子三人行得迟了,前后不着村庄,便把驴车吆进了这座庄院。收拾停当,爷儿仨卧在破土炕上抽旱烟,闲聊天。正

说在兴头上,老盐客停住抽烟,说:"娃娃们,院子里有人来了。"果然,一阵细碎的脚步响,门口进来两个黄裙黄鞋黄头巾的年轻女子,腰系粉红绸带儿,一样的美貌,一样的装束,细条条的,水灵灵的,露着细白的牙齿浅笑。两个少年盐客看傻了眼,张着嘴不会说话了。老盐客发话问道,说:"两位姑娘从哪里来,有啥见教?"站在前面的女子笑道:"嘻嘻,没见过这般无礼的人,明明是白住人家的房子,把主人反当客人问,好没道理。"另一个随声道:"真叫鹊巢鸠占,我们的屋里咋能叫这种野客容身。"老盐客赶紧下炕,躬身施礼,笑脸相答:"两位大姐有话好说。我们见这屋子家道破败,并不见有人出入,咋说你们是主人呢!要真是这话,两位大姐请多行恩惠,出门人不求安稳,只图方便。好歹借宿一晚,明早就行。"两女子笑道:"这么说还像个话,就留你们住一晚也不妨。"两人交换一个眼色,对视而笑。一个女子说道:"不过,老人家,你要照看好你们的毛驴儿,半夜叫起来,我们害怕哩!"老年盐客想了想,就起身到圈里去,给驴儿添了草料,躺在草堆里睡下,打起了呼儿。

这晚月明如水,星光灿烂。两个年少的盐客睡在一屋。半夜,弟弟二娃翻身时,看见门口走进来一个人影,细细辨认,见是傍晚说话的那女子。二娃装着睡熟,半闭眼不作声儿。那女子悄悄凑过来,俯在二娃耳边轻轻说:"官人家,我有事相求,你来搭个手!"二娃不由自主地跟了那女子出去了。那女子把二娃带到一间破败的磨房,叫二娃坐下,拿一块油烙的锅盔给二娃吃,甜言细语对二娃说:"我是这庄院的主人,叫柳翠,姐姐叫秀姑,爹妈死了撇下我们姐儿俩,相依为命。官人家,你要是不嫌奴家丑,我情愿给你铺床扫炕,服侍你。"柳翠说到此处,显出羞答答的样子,不再言语。窗上透进一束月光恰好照在柳翠脸上,越发妩媚可爱,只是低了头站着不语。二娃脸上烧一阵,凉一阵,心里似揣了个兔子直扑腾。这样站了一会儿,柳翠问二娃家世生平,多大岁数。二娃把自己的名姓家世都如实告诉了柳翠,柳翠说:"二娃,我看你人忠厚,又诚实,今晚我们就做了夫妻吧?"二娃此时恍恍惚惚,被柳翠推在屋角的草地上,当夜恩恩爱爱,做了夫妻。

第二天早晨,老盐客从圈里起来,走进北屋,叫醒庄娃,却不见了二娃,两人以为二娃出门去了。等了一会儿,不见回来。老盐客问庄娃,庄娃也不知道。两人在院子里到处找转来转去,最后发现二娃睡在磨房的草堆上,嘴里吃了满满一口泥,全身沾满了草芥。叫一叫不醒,推一推不应,喊了半天,二娃才渐渐睁开眼睛,脸色浮肿,眼皮发青。老盐客急忙在二娃的人中上掐,问二娃啥时跑到磨房里的,昨夜发生了啥事。二娃掉了魂儿似的发呆,啥也不知道。老盐客赶紧抱起二娃放到北屋炕上,点火烧些自带的水,给二娃洗了鼻眼,又泡些锅盔喂给二娃。一整天,二娃躺着起不来,又赶不成路,老盐客急坏了,吩咐庄娃守着兄弟,自己出门找人去了。

庄娃依着爹爹吩咐,守在炕头。天黑了,门外渐渐模糊起来,月光又爬上了窗台,庄娃胆儿大些,始终没打瞌睡。他给兄弟喂了些馍,安顿二娃睡好,忽然听得院子里有脚步声,循声看去,昨晚见到的那女子又出现在门口。那女子径直走过来,对庄娃说:"你兄弟的病我能医治,你跟我来。"庄娃听说她能给兄弟治病,自然高兴地跟了出去。那女子照样把庄娃带进磨房里,说:"我知道你叫庄娃,对你说,我叫秀姑,我妹妹叫柳翠。昨晚我妹妹已经和你兄弟做了夫妻,他们现在还在洞房里呢!天教你们弟兄两个来我家做招女婿,这是天赐的良缘。你要是娶了我,吃粗饭,喝淡水,我也情愿。"庄娃听了,抬起脚就走。那秀姑一把掇住庄娃,如同拴了绳子,挣也挣不脱,甩也甩不开。庄娃看时,这秀姑眉眼倒竖,目光逼人。怪了,庄娃脱不开手,喊不出声,糊里糊涂被秀姑拉过去,也做了夫妻。将近五更时分,老盐客回来了,领着一位老汉。那老汉七十多岁,须发皆白,耳不聋,眼不花,说话嗓门吓人。两人进了屋,炕上只躺着二娃,庄娃又不见了。老盐客急忙跑到磨房一看,庄娃光条条地在草上躺着,与前夜二娃的情状一样。老盐客抱住儿子就放声大哭:"天啊,这是中了啥邪了?我好端端两个儿子都成了啥样子!"那老汉闻声赶来,拉起老盐客,叫他不要急,声称自有妙法,能叫他两个儿子立时复元。那老汉吩咐盐客把庄娃抱到炕上,从怀里掏出一叠纸符,在两个小盐客的头上绕了几圈,口中念念有词,然后在纸上啐一口唾沫,点着烧了。那老汉道:"你跟我来。"盐客跟着那老汉在北屋的炕洞前站住,盐客莫名其妙,站着不敢动。只见那老汉拿起一根棍子往炕洞里一搅,咕噜噜滚出两把笤帚疙瘩。盐客惊问:"这是啥?"那老汉并不答话,掏出火镰打火点着一堆草,把那两个笤帚疙瘩扔在火中,"唑"的一声,冒出两股青烟,同时闻到一股糊焦味。那老汉拍一拍手,笑道:"好了,没事了,这是两把笤帚。早先主人搬家的时候,把这东西扔在炕洞里,几十年日修夜炼,如今变成笤帚精了。这妖孽虽说成不了大气候,却能害人。今日老夫把它除了,你们可就平安无事了。走,看看你的儿子去!"来到北房,见两个少年盐客如同刚睡醒的一样,揉揉眼睛,上了炕来。那老汉和老盐客问起两夜的遭遇,两人都全然不知。盐客跪下谢恩,那老汉哈哈大笑,扶起盐客,出门去了。盐客爷儿仨再没敢逗留,打点行李,拉出毛驴车儿,没等天亮就离开了那座破烂的庄院。以后,那座庄院再没出过啥怪事儿。

《中国精怪故事》

上面故事中的"怪"就是由无生命的器具——笤帚变化而来的,也是"怪"的形象中比较典型的一类。

妖精怪同道

在口头传说或文本记述中,"妖"、"精"和"怪"属于同义,也就是说三者具有极大的共同点,从而使得人们在运用概念时经常联合使用,构成"妖怪"、"妖精"、"精怪"的名词,其意义基本相通。东汉应劭的《风俗通义》中有《怪神第九》,其中有"世间多有狗作变怪"、"世间多有精物妖怪百端"、"世间多有伐木血出以为怪者"、"世间多有蛇作怪者"、"世间人家多有见赤白光为变怪者"[①]。这些章节中的故事大多为关于"妖"、"精"、"怪"的记载,虽说那时所说与今天观点有些不同,但其基本特征已初见端倪。

首先,"怪"与"妖"同义。《左传·宣公十五年》云:"天反时为灾,地反物为妖。"语言文字学家杨伯峻对其注曰:

---

① 应劭:《风俗通义校释》,吴树平校释,天津人民出版社,1980年版,目录第19页。

"群物失其常性,古人谓之妖怪。"也就是说,"妖怪"最初的含义同"怪"一样,也是指各种反常的现象。比如,收于《太平广记·妖怪部》的《戎幕闲谈·杜元颖》中提到几种异常现象:

> 杜元颖镇蜀平。资州方丈大石走行,盘礴数亩。新都县大道观老君旁泥人须生数寸,拔之,俄顷又出。都下诸处有栗树,树叶结实,食之,味如李。鹿头寺泉水涌出,及猫鼠相乳之妖。蛮欲围城,城西门水,有人见一龙与水牛斗,俄顷皆灭。又说,李树上结得木瓜,而空中不实。

这里记载的泥人生须、栗李混淆、猫鼠相乳和李树结木瓜等现象无疑是违反自然规律的,因而被载入"妖怪部"之中。这种"怪"或"妖怪"与前一样,也通常被认为预示着各种灾祸的发生。《阅微草堂笔记·滦阳消夏录二》中也曾记载一厅柱忽然开出牡丹花的事情,便被人一口咬定:"物之反常者为妖,何瑞之有!"后来这一户人家果然败落:

又武清王庆,曹氏厅柱,忽生牡丹二朵,一紫一碧,瓣中脉络如金丝,花叶葳蕤,越七八日乃萎落。其根从柱而出,纹理相连。近柱二寸许,尚是枯木,以上乃渐青。先太夫人,曹氏甥也,小时亲见之,咸曰瑞也。外祖雪峰先生曰:"物之反常者为妖,何瑞之有!"后曹氏亦式微。

再来看《耳食录·邓无影》这则故事:

邓乙年三十,独处,每夜坐,一灯荧然,沉思郁结。

因顾影叹息曰:"我与尔周旋日久,宁不能少怡我乎!"其影忽从壁上下,应曰:"唯命。"乙甚惊,而影且笑曰:"既欲尔怡,而反我慢,何也?"乙心定,乃问:"尔有何道而使我乐?"曰:"惟所欲。"

乙曰:"吾以孤栖无偶,欲一少年良友长夜晤对,可乎?"影应曰:"何难!"即已成一少年,鸿骞玉立,倾吐风流,真良友也。乙又令作贵人。俄顷,少年忽成官长,衣冠俨然,踞床中坐,乃至声音笑貌,无不逼肖。乙戏拜之,拱受而已。乙又笑曰:"能为妙人乎?"官长点头下床,眨眼间便作少女,容华绝代,长袖无言。乙即与同寝,无异妻妾。

由是日晏灯明,变幻百出,罔不如念。久之,日中亦渐离形而为怪矣。他人不见,唯乙见之。如醉如狂,无复常态。人颇怪之,因诘而知之。视其影,果不与形肖也,形立而影或坐,形男而影或女也。以问乙,而乙言其所见则又不同,一乡之人以为妖焉。

后数年,影忽辞去。问其所之,云在寓次之山,去此数万余里。乙泣而送之门外,与之诀。影凌风而起,顷刻不见。乙自是无影,人呼为"邓无影"云。

在这个故事里,人的影子可以随意变形,或男或女,与真人无异,帮助独处的邓乙摆脱了寂寞,但依然被人们认为是妖怪。后来,邓乙与影子辞别,他也落下了个"无影"的绰号。

其次,"精"与"怪"亦同义。《说文》释"精"为"择米也",

即挑选米中的精华,因而又被引申为生成万物的灵气,如《庄子·在宥》所言:"吾欲取天地之精,以佐五谷,以养人民。"由此可知,"精怪"应是"怪"中具有灵性的实体,它通常有一个固定的原形做根基并由此生成带有灵气的生命。比如《搜神记·饭甑怪》中的饭甑:

> 魏景初中,阳城县吏家有怪,无故闻拍手相呼,伺无所见。其母夜作倦,就枕寝息。有顷,复闻灶下有呼曰:"文约,何以不见?"头下应曰:"我见枕,不能往,汝可就我。"至明,乃饭甑也。即聚烧之,怪遂绝。

故事讲的是三国魏景初年间阳城县县吏家里发生了怪事,家中人听到有人拍手互相呼叫,等着看又什么也看不见。县吏的母亲干活干得很累,便睡下了。睡了不一会儿,又听到灶下有人喊道:"文约,怎么看不见你?"她头下有人答应说:"我被枕住了,不能过去,你可以到我这儿来。"到了天亮一看,原来是盛饭用的铲子,立即把它们集中起来烧了,怪也随之灭绝。这里的饭甑还有枕头可以拍手、说话,具备了一定的灵性,超出了其自然属性,显然不仅仅是一种反常现象,还是由饭甑幻化出的生命,因而是比较典型的"怪"的形象。

再来看《铜钟和铁钟》这则故事:

> 费县城北有座山叫钟罗山。传说山上有四口大钟:铜钟、铁钟、金钟、银钟。
>
> 很早以前,山北寒凉寺村有一个名叫憨大的孩子,小时候死了爹娘,被雇到钱财主家打柴。这小憨大在财主家受苦挨饿十余载,被折磨得就剩下一副骨头架子,好歹长到十七八了。
>
> 一天,钱财主又撵着他上山砍柴,他连累带饿,实在支持不住了,一头倒在石崖上,"呼呼"地睡着了。也不知过了多久,他迷迷糊糊地听着东边传来"叮叮当当"的银铃似的歌声。一个唱道:"铁钟妹,铁钟妹,世上哪个活受罪?"另一个接道:"铜钟娘,铜钟娘,世上受罪打柴郎。"憨大一听,大吃一惊,赶忙睁开眼,就见两个鲜花样的大闺女正在蹦蹦跳跳

地唱歌。他光顾贪看,不小心踢了一块石头,"哗啦"一声响。那两个姑娘听到响声,一打影没了。憨大抬眼看看山顶,有两个东西放光。他爬上去一看,是两个大钟鼻,一个铁的,一个铜的。他过去把挑柴禾的担子,一头插铁钟鼻里,一头插铜钟鼻里,心想:"我叫那些扛活的穷爷们抬家去,卖了也吃顿饱饭!"憨大正寻思着,就听有人说:"柴郎哥,柴郎哥,你放下扁担听我说。"

憨大好生奇怪,真把扁担抽出来了。一抽,"扑腾"一声,看看钟没有了,坠地里去了,光落两个大坑。他正发呆,忽听身后一阵"咯咯"的笑声。穿红衣服的姑娘说:"柴郎哥,好心肠,铜钟斟酒给你尝。"穿青衣裳的姑娘说:"柴郎哥,心地宽,铁钟端饭你打尖。"两个姑娘拿酒给憨大吃了,走了。从此,两个姑娘天天给憨大送饭,没过几个月他便吃得煞白透胖了。这钱财主看着好生纳闷。

这天,憨大头里刚走,钱财主就轻手轻脚地跟了出来。头一天钱财主跌折了胳膊,第二天,钱财主扭了脚脖子。可他还是不死心,第三天,又一瘸一拐地跟憨大上了山。到山上一看,两个大闺女正送饭给憨大吃哩!看那两个闺女白里透红实在俊,就跟天仙一样。钱财主把眼睛都看直了。他上去就抓那两个闺女。穿红衣裳的闺女一闪,他只抓到青衣裳的闺女了。只听"扑哧"一声,钱财主被弄到钟鼻里去了。这个大铁钟"呼腾"一声,陷到地下去了。穿红衣裳的姑娘就对憨大说:"柴郎哥,柴郎哥,铜姑有话实难说,你要不嫌为奴我长得丑,我、我愿——"铜姑娘一句话没说完,铁钟妹从山东边石崖下冒出来了——这个洞穴人们现在称为"钟鼓洞"。她听到铜姑娘的话说:"铜姑好,郎哥实,你俩正好配夫妻。"说得憨大、铜姑娘二人的脸红到脖子根。铁钟妹催他们快走,铜姑娘不忍离去。铁钟妹一念咒,刮起一阵大风,把铜姑和憨大刮得像两片树叶,飘飘荡荡直奔郯城孝女庙。从此,憨大耕田,铜姑织布,过上了幸福美满的生活。

再说这铁姑送走了铜姑,心想:"天帝怪罪下来,我也吃罪不起,我也逃了吧!"她连夜投奔她的师父——蓬莱仙官彭仙祖。土地神一看铁铜二钟都走了,赶紧禀报天帝。天帝也只好另派金银二钟来镇守钟山。这钟山是通往天宫地府之门,没人镇守是不行的。铁钟、铜钟都走了,山上还有金钟、银钟,可是谁也没见过。

(《中国精怪故事》)

由此,从词的初始意义上看,"妖怪"和"精怪"是有一定的区别的,"妖怪"一词多指非正常的妖异现象,而"精怪"一词则多指带有灵性的生物。但是,两者在实际使用中并不严格,甚至越来越模糊。曾有人认为先秦时期的"妖怪"与"精怪"有着甚大的区别;而到了六朝时代,"妖怪"之观念则与"精怪"逐渐混淆、融合起来;到了唐代,"妖怪"的主要含义几乎与"精怪"等同。① 可以说,在民众口头叙述或是文人辑录创作时,"妖"、"精"、"怪"基本上是可以混用的。② 来看《湖海新闻夷坚续志·犬精迷妇》所载的这则故事:

> 安仁县王某出外经商,两载未归,留父及母在家。妇忽有孕,阿姑疑之。一夕阿姑伺夜静,密造妇房前以察之,似闻妇有呜呜声。至天明,阿姑再造妇房,诘问,乃曰:"每至二更时候,有一物若巨板砖状伏于身上,不可动,至鸡鸣,物方离身起去。"阿姑方悟,视起身下,白汁满席,方知为妖怪所惑。累

---

① 关于这一点,详见《论六朝时代"妖怪"概念之变迁——从〈搜神记〉中之妖怪故事谈起》,载《海南大学学报·人文社会科学版》2007年第六期,第669—672页。
② 刘仲宇教授认为:"大略说来,在涉及政治生活的领域中,古代文人对两者的使用,有比较明确的区别;在民间信仰的领域,两者的使用界限就不那么明确。到了它们进入有意识的文学艺术创作之中,则完全混合为一,即以精怪兼并了原来意义上的妖怪概念。"前面说法大致可证,但从其论述所用案例以及现今学界对于精怪的界定来看,"以精怪兼并了原来意义上的妖怪概念"一句有待商榷。关于此点,详见《中国精怪文化》,刘仲宇著,上海人民出版社,1997年版。

命师巫救治,皆莫验。巫乃密布灰筛于地,视之,乃犬迹也。随路迹踪,追至某家,就用钞买至坛前烹之。所迷之妇若其偶,号哭不胜,越两日,生下两物如兔,更无点血,幸得不死,至今痴呆。

此处将狗所幻化的巨板砖状物称作"妖怪",与人交媾,且致妇怀孕,可见其含义已经包括了"精"(即有灵气的生命)之特征。《搜神记》还借孔子之口表达了此时对"妖"、"精"和"怪"的认识:"吾闻:物老则群精依之,因衰而至。此其来也,岂以吾遇厄绝粮,从者病乎?夫六畜之物,及龟、蛇、鱼、鳖、草、木之属,久者神皆凭依,能为妖怪,故谓之'五酉'。"①也就是说,各个物种如果获得了精气都会幻化成为"怪"(或言"妖怪"、"精怪"):

> 叶旅亭御史宅,忽有狐怪,白昼对语,迫叶让所居。扰攘戏侮,至杯盘自舞,几榻自行。叶告张真

---

① 干宝:《搜神记》,汪绍楹校注,中华书局,1979年版,第234页。

人,真人以委法官,先书一符,甫张而裂。次牒都城隍,亦无验。法官曰:"是必天狐,非拜章不可。"乃建道场七日。至三日,狐犹诟詈。至四日,乃婉词请和,叶不欲与为难,亦祈不竟其事。真人曰:"章已拜,不可追矣。"至七日,忽闻格斗砰訇,门窗破堕,薄暮尚未已。法官又檄他神相助,乃就擒,以罂贮之,埋广渠门外。余尝问真人驱役鬼神之故,曰:"我亦不知所以然,但依法施行耳。大抵鬼神皆受役于印,而符箓则掌于法官。真人如官长,法官如吏胥。真人非法官不能为符箓,法官非真人之印,其符箓亦不灵。中间有验有不验,则如各官司文移章奏,或准或驳,不能一一必行耳。"此言颇近理。又问设空宅深山,猝遇精魅,君尚能制伏否?曰:"譬大吏经行,劫盗自然避匿。倘或无知猖獗,突犯双旌,虽手握兵符,征调不及,一时亦无如之何。"此言亦颇笃实。然则一切神奇之说,皆附会也。

(《阅微草堂笔记·滦阳消夏录一》)

这个故事讲的是在叶旅亭御史的住宅里有狐狸作怪，大白天和人说话，还逼迫叶御史将这住宅让出来。叶御史将这告诉了张真人，由于狐怪的法力比较高超，因而张真人拜道奏章上天，遍请其他神灵助战，最后才把狐怪擒住。而记述中的"狐怪"、"精魅"等词语也大概表明了此时"妖怪"、"精怪"等的混用现象。

物老为怪

虽然"妖"、"精"、"怪"基本可以混用，但从古籍文献来看三者比较鲜明的区别依然是有所体现的。宋代大型类书《太平广记》辑有"妖怪类"九卷、"精怪类"六卷，前者记录包括异常现象在内的各类怪异情况，而后者则只有"杂器用、凶器、火、土"四种类型的妖异来源。究其原因，"杂器用、凶器、火、土"四者皆是由非生物向生物转化的过程，当是更加强调某些因素在"怪"产生过程中的化生作用。也就是说，物体能幻化成为"怪"，并不是一件瞬息即可、易如反掌的事情。某一特定物体幻化成怪的过程即获得灵性并使其超出本身自然属性的过程,而物体获得灵气从而幻化成为"怪"是需要一定的条件的。

首先是时间久远,即生命长久。所谓"物老则为怪"①,也就是说,任何一种物体只要"老"到一定程度便可以幻化成精,比如《搜神记》中所载:"千岁之雉,入海为蜃;百年之雀,入海为蛤;千岁龟鼋,能与人语;千岁之狐,起为美女;千岁之蛇,断而复续;百年之鼠,而能相卜"②;《抱朴子》中所载:"千岁之鸟,万岁之禽,皆人面而鸟身,寿亦如其名。虎及鹿兔,皆寿千岁,寿满五百岁者,其毛色白。熊寿五百岁者,则能变化。狐狸豺狼,皆寿八百岁。满五百岁,则善变为人形。鼠寿三百岁,满百岁则色白,善凭人而卜,名曰仲,能知一年中吉凶及千里外事"③。这些动物只要活得时间足够长,便能够生发出与其本身所应该具备的自然属性不同的能力来,由

---

① 干宝:《搜神记》,汪绍楹校注,中华书局,1979年版,第234页。
② 干宝:《搜神记》,汪绍楹校注,中华书局,1979年版,第146页。
③ 葛洪:《抱朴子·对俗》,上海古籍出版社,1990年版,第15页。

此被称为"超自然能力"。

先来看《里乘·溧阳史仲皋言三事》中讲述的木头变怪的故事：

> 乡里有某生者，素好习武，凡击刺超距，无所不能，尝授徒乡里。暑月，辄逾墙出，盗瓜解热。一夜摘瓜回，忽见一人，匡躟尾其后，审其步趋与人异，意是僵尸，急迁道斜行以避之。乃彼亦踱迹，相从迫逐，不少宽纵。生大恐，踉跄疾奔三四里许，甫至己塾，急飞步跃登墙上；尸亦三踊三跃，所不及墙者盈咫。墙上故覆以瓦，后一跃用力较猛，落地时颔挂仰瓦上，虚悬空中，竟不能动。生俯首谛视，且骇且笑，知其不能为患，掌掴其面者再而去。翌晨，趋往观之，一无所有，墙下但余黑水一洼，其臭刺鼻，不可向迩。

> 某生读书寺中，间壁有空舍，中停枯柩，历年既久，尝出为祟。生素豪于胆，夜伏窗隙窥之，漏二下，果闻舍内窸窣作响，一老者衣冠自内出，蹀躞向

外而去。生烛其舍,见棺盖已开,遂为合之,料其不能再入;又恐与己作难,乃返室猱升梁上,伏而察之。少选,老者归舍,果以棺合不能再入,迹至生室,意甚愤怒。遍室搜寻,见生伏梁上,瞪而仰视,目光绿若猫睛,三踊三跃,愈跃愈高,去梁几不盈尺。生大恐,袖携《易经》,急俯以掷其首,老者仆地,顿僵。天明人来,生始敢下,历述其异,共视其尸,已幻为棺盖,焚之,臭闻数里。自是毁柩塪舍,怪异遂绝。

某处有厝柩,白日尝出为怪,一乡患之。有木工某甲,笑谓众曰:"诸君如醵金作筵饮我,当为除怪。"众果如言,作筵招甲。饮毕,问:"何时除怪?"甲踌躇久之,乃曰:"必俟天气晴爽、日方中时乃可,然须诸君往佐之。"众诺,订约而去。至日,甲来邀众同往。袖出尺周量棺盖,取墨绳弹于盖之当中者三,三弹而棺中皆霄霄有声,意似痛楚,初声较厉,后以次递杀;又取斧微削棺之四隅,谓众曰:"怪已

> 除矣！"自是果绝。众大喜，乃厚酬甲。
>
> 里乘子曰：仲皋又言圬工之刀、石工之锥、木工之斧、尺、绳、墨各物，均极宝贵，皆能镇压怪异。凡房舍之梁、柱、楹、楠、桀等类，及诸木器无故自爆作声，皆墨绳刨刮未净，其精灵日久自鸣也。然耶否耶？

在讲述了一系列木头成怪的故事之后，作者也分析说：由于墨绳刨刮不干净，木头日子长了便会自己发出声音。

再来看《阅微草堂笔记·滦阳消夏录六》里面记载的这则故事：

> 景城之南，恒于日欲出时，见一物，御旋风东驰。不见其身，惟昂首高丈余，长鬣纱纱，不知何怪。或曰："冯道墓前石马，岁久为妖也。"考道所居，今日相国庄。其妻家，今日夫人庄。皆与景城相近。故先高祖诗曰："青史空留字数行，书生终是让侯王。刘光伯墓无寻处，相国夫人各有庄。"其墓

则县志已不能确指。北村之南,有地曰石人洼。残缺翁仲,犹有存者。土人指为道墓,意或有所传欤?董空如尝乘醉夜行,便旋其侧。倏阴风横卷,沙砾乱飞,似隐隐有怒声。空如叱曰:"长乐老顽钝无耻!七八百年后岂尚有神灵?此定邪鬼依托耳。敢再披猖,且日日来溺汝。"语讫而风止。

故事里面讲的这个怪物,趁着旋风向东飞驰,看不见身子,只看到昂起的头有一丈多,长长的鬃毛蓬乱地散开,也不知道是什么妖怪。后来,有人说是墓前的石马因为时间长了而变妖作怪。人如果活得时间久了,超出其自然生命的年限也很容易成怪:

> 湖广郧阳房县有房山,高险幽远,四面石洞如房。多毛人,长丈余,遍体生毛,往往出山食人鸡犬,拒之者必遭攫搏。以枪炮击之,铅子皆落地,不能伤。相传制之法,只须以手合拍,叫曰:"筑长城!筑长城!"则毛人仓皇逃去。余有世好张君名敬者,

曾官其地,试之果然。土人曰:"秦时筑长城,人避入山中,岁久不死,遂成此怪。见人必问:'城修完否?'以故知其所怯而吓之。"数千年后犹畏秦法,可想见始皇之威。

(《子不语·秦毛人》)

当然,所谓"岁久"也就是"老"到一定程度。但具体要到什么程度,或者说要达到能够幻化的年限却无定论。先来看《拾遗记》中记载的这个枕头:

咸熙二年,宫中夜有异兽,白色光洁,绕宫而行。阍宫见之,以闻于帝。帝曰:"宫闱幽密,若有异兽,皆非祥也。"使宦者伺之。果见一白虎子,遍房而走。候者以戈投之,即中左目。比往取视,惟见血在地,不复见虎。搜检宫内及诸池井,不见有物。次检宝库中,得一玉虎头枕,眼有伤,血痕尚湿。帝该古博闻,云:"汉诛梁冀,得一玉虎头枕,云单池国所献,检其颔下,有篆书字。云是帝辛之枕,尝与妲己同枕之。是殷时遗宝也。"

咸熙是魏元帝的年号，咸熙二年是公元 265 年，从殷到魏，约一千多年的时间，玉虎枕头才幻化成了一个白虎怪，这算是物体具有灵性、变化成怪中耗费时间比较长的了。

再来看《集异记·刘玄》这个故事：

> 宋中山刘玄居越城。日暮，忽见一人，着乌裤褶，取火照之，面首无七孔，面莽党然，乃请师筮之。师曰："此是家先代时物，久则为魅，杀人，及其未有眼目，可早除之。"刘因执缚，刀断数下，乃变为一枕，此乃是祖父时枕也。

这个故事大约发生在南北朝时候。中山人刘玄住在越城，天黑时忽然看见一个穿着黑裤子的人来取火，头脸上没有七窍，脸像一堆荒草的样子。于是，刘玄便请巫师占卜。巫师说："这是你家前辈时候的东西，时间久了就变成了鬼魅杀人。趁它还没有长出眼睛，可以及早除掉它。"随后，刘玄就把那个怪物捉拿捆绑起来，用刀砍了几下，竟变成一个枕头。原来这个枕头便是他祖父那时候的枕头。同样是枕头成精,刘玄家的枕头是祖父时候的,历经三代,约百年便已经可以"修成正果"了。当然,也有部分"怪"并没有说明其幻化成怪需要的年限,多是以"古"、"故"、"破"、"旧"或是"弊"等字来暗示其时间长久。

其次是形状相似,即因为形象逼真而幻化成怪。《拾遗记》中曾记载一名其他国家向秦始皇进献的画工,技巧非凡,据说他的技艺可以"画为龙凤,骞翥若飞。皆不可点睛,或点之,必飞走也"。[①]形肖而成真的心理比较普遍,由此可见,各类画像、塑像、偶人多可因为其刻画逼真而容易幻化成为精怪。《阅微草堂笔记·槐西杂志四》中便曾记载过一则偶人变"怪"的故事:

> 凡物太肖人形者,岁久多能幻化。族兄中涵言:官旌德时,一同官好戏剧,命匠造一女子,长短如人,周身形体以及隐微之处,亦一一如人;手足与

---

① 王嘉:《拾遗记》,齐治平校注,中华书局,1981年版,第99页。

目与舌,皆施关捩,能屈抻运动;衣裙簪珥,可以按时更易。所费百金,殆夺偃师之巧。或植立书室案侧,或坐于床凳,以资笑噱。一夜,童仆闻书室格格声。时已镝闭,穴纸窥视,月光在牖,乃此偶人来往自行。急告主人,自觇之,信然。焚之,嘤嘤作痛声。又先祖母言:舅祖蝶庄张公家,有空屋数间,贮杂物。婢媪或夜见院中有女子,容色姣好,而颔下修髯如戟,两颊亦磔如蝟毛,携四五小儿游戏。小儿或跛或盲,或头面破损,或无耳鼻,人至则倏隐,莫知何妖。不为人害,亦不外出。或曰目眩,或曰妄语,均不甚留意。后检点此屋,见破裂虎丘泥孩一床,状如所见,其女子之须,则儿童嬉戏以笔墨所画云。

故事中讲述演戏用的木偶,因为制作的工艺极为精妙,居然变成了活的;泥巴做的女子和小孩,也能变成活的,令人惊奇。因为偶俑肖似人形而且容易成精,有人就拿孔子批评"始作俑者"的说法,劝世人不要造作这样的东西。清人李庆

辰在讲述同样一个偶俑变怪的故事时便同时生发感叹:

> 太原陈氏,侨居于津。每夜闻复室中有声隆隆然,如转碌碡。以灯烛之,即亦暂止。又半载,白昼亦然。窥之,有老叟长须彩服,高仅二尺,身圆几如小瓮,绕地旋转,其声随之。闻人语即遁去。细穷其处,似在柜后。移柜视之,有纸糊不倒翁,酷似所见。毁之,怪绝。盖物大肖人形,感天地之精气,即足为妖。故作俑者,圣人所不取也。
>
> (《醉茶志怪·陈氏怪》)

最后,同时也是最重要的一点是获得精气,或说灵性,即物体得灵性才能幻化。无论是时间还是形状,都是物体幻化最为基本的条件,唯独获得灵性才是其成怪的必要条件。从最普遍的意义上讲,物体幻化成怪的过程即是产生超出其自然范畴的灵性的过程。这种灵性可以经过时间积累,也可以从其他生命形式身上沾染而得。来看《阅微草堂笔记·如是我闻二》中的这则故事:

> 旧仆邹明言：昔在丹阳县署，夜半如厕。过一空屋中，有男女媟狎声，以为内衙僮仆，幽会于斯。惧为累，潜踪而返。后月夜复闻之，从窗隙窃窥，则内衙无此人；又时方沍冻，乃裸无寸缕。疑为狐魅，于窗外轻嗽。倏然灭迹。偶与同伴语及，一火夫曰："此前官幕友某所居，幕友有雕牙秘戏像一盒，腹有机轮，自能运动。恒置枕函中，时出以戏玩。一日失去，疑为同事者所藏。后终无迹，岂此物为祟耶？"遍索室中，迄不可得。以不为人害，亦不复追求。殆常在茵席之间，得人精气，久而幻化欤！

这雕牙秘戏像本是类似春宫图的小塑像，在人睡觉的地方呆得久了，沾染了人的精气，便幻化成了怪物。

清人俞樾还记载过一个纸牌成怪的故事：

> 纸牌之戏，本于唐宋人叶子格，而叶子又本于骰子，说见欧阳公《归田录》。今纸牌中有红点、黑点，殆即叶子格中红鹤、皂鹤之遗乎？近世纸牌盛

行,闺阁亦有行之者。余亲串中一妇,病久谵语,辄曰:"二五来矣,幺六来矣,缘我床,压我被,尔曹何不为我捉去?"所云二五、幺六,皆纸牌名目也。上二下五曰二五,上一下六曰幺六。此妇生平从不为纸牌之戏,侍疾者异之。初犹不以为意,而妇数数言之,乃大索其室中,无所得。已而于楼上一破篾中,得纸牌数十叶,多年不用,尘灰满矣。疑此物为祟,取而焚之,妇果不复言。盖纸牌常在人手中,沾人手泽,故岁久或通灵也。

(《右台仙馆笔记》卷十)

最后,作者总结纸牌幻化的主要原因是由于"常在人手中,沾人手泽,故岁久或通灵也",显然也是沾染了人的气息才变成怪。再来看《灯姑娘》这则故事:

这是很久以前的事儿了,在本地住着一位瘫巴老太太,年近七旬,无儿无女。她家邻居有一个叫大勇的长工,常常过来帮她干活。她病了,大勇就汤一碗饭一碗地侍候着。

有一天,瘫巴老太太病得很重,眼看就要断气了。她把大勇叫到跟前说:"大勇啊,我这大半辈子多亏了你侍候,看我现在恐怕是不中用了,我家也没有别的什么好东西,只有一盏油灯送给你吧,留着日后有用。"说完不一会儿,老太太就死了。大勇把她埋葬好,把油灯拿回了家。

这盏灯很古怪,它是用土烧成的,能装四五斤油,上面还刻了个烟锅大小的姑娘。虽说小,可看上去却清晰,鼻子是鼻子,眼睛是眼睛的,就跟活人一个样。打这以后,大勇每天干完活都要看一会儿这盏灯和上边刻的姑娘,还痴痴地喊:"灯姑娘。"

有一次,大勇看见灯姑娘朝他笑呢!大勇傻乎乎地冲着灯姑娘说:"你看我好么,要不你瞅我笑什么呀?"

灯姑娘抿嘴一笑:"大勇哥,我本来还要等九九八十一年才降临人间,我看你为人老实、勤劳肯干、心眼儿好使,就提前下来吧。"说着,飘飘然降落到地上,转身就变成了大姑娘,这下大勇甭提有多高兴了。

灯姑娘说:"大勇哥,咱俩要想在一块呆一辈子,你可要办件事,可以吗?"

大勇红着脸,忙说:"什么事?你快说,哪怕是千件万件。"

灯姑娘说:"你把灯添满油,点九九八十一天不熄灭,我就能来到人间变成真人了。好哥哥,你千万记住,只能添一次油。"说完,灯姑娘脸上淌着泪水,身体一点一点地又变小,又回到了灯壁上。

大勇忙着把灯油添满点燃,然后就守在灯边。时间一天天过去,期限临近了,大勇也渐渐瘦了下来。

就剩最后一天,灯火越来越小,眼看就要灭了。大勇揭开灯盖一瞧:坏了,原来灯盏里的油不够了。姑娘说只能往灯盏里加一次油,这可怎么办?他急

> 哭了,越哭越难过,泪水不住地往灯盏里滴。大勇心里说:"灯姑娘啊,你若有灵,你就喝一口我的泪水吧!这就是我的心血呀!灯姑娘啊灯姑娘,你若是真爱我,你就把我的泪水变成油,管够你用……"
>
> 灯果然又亮了起来,九九八十一天终于过去了,灯姑娘降临人间和大勇成了家,美美满满地过上了好日子。
>
> (《中国精怪故事》)

在这则故事里,人的泪水事实上是人的精气的代表。在人们传统的信仰中,精气是人最宝贵的东西,一旦失去精气就会变成其他东西。比如民间盛传的望夫石的故事:

> 大南山一带的龙潭山、大窝山,传说原是一片大海洋,海底藏有九妖十八怪,常作孽害人,这些妖怪有石蛤、石鳖、沙鱼等,最厉害的算是石鳖精,时常搅扰海洋,弄得一片混浊,渔民与水都不得安宁。
>
> 后来,有一位神仙,从天上抛下一块玉石,慢慢

地就在这片海洋中浮起平地,浮起峰峦绵绵的大南山,那些坑坑陷陷的洼地之水,汇流入山川。这些精精怪怪,就躲藏入这坑坑陷陷洼地之内,残害生灵。

物换星移,年长日久,从别处迁来民众居住,就给这大南山各个山头名为龙潭、大窝、螺坑、狼臂钩山等……给一条大溪流起名三坑溪。

大南山一浮起来精怪就更厉害。听说石鳖精每爬一段水路,大南山便降下一次大灾难。

有一年夏季,一天,天光光的,人们担犁、担耙,上山割草。将近中午,忽然天顶乌云翻卷,雷公、电母噜噜叫时,人们还未收工,被大雨淋得不能归家。大家只好蹲在树下,有人走入山洞,有人走不了几步就被风雨刮倒。

一霎时,三坑溪涨大水了。有的房屋被大风推倒,有的猪、牛被漂走。三坑溪漂漂浮浮流走茅草、樾角、猪、鸡,狗和人。大雨落不停,四处白茫茫。

哭声、喊救声声声使人咬肠捻肚。

就在这时,山顶一个担柴后生,大约二十多岁,生来粗头粗头,大目锥鼻,人咀食得落、作得来,百外斤湿柴,担在肩上闲闲。他担到蓟岭下,听着喊救声,看着大水流走人,就放下柴担,下了水,开始救人。当他把最后一个人扶上岸时,因肚中饥困,操劳过度,便失神跌下去了,大家把他扶入山洞,用草铺垫,拣干衣服给他盖上,洞外大雨还落无歇。大家看着这个后生兄,跪着求老天保佑。

骤然间,隆隆隆几声响,雨渐小了。唔知在哪个地方飘来一位白发白须的老翁,他轻步跨进山洞,人们看着很陌生。那老翁开口说:"我乃天上毛姑,来解救你们大苦大难,善哉、善哉!"他从胸中掏出一粒金丹,塞入后生嘴里,一霎时,后生觉得神志清醒,睁开双目,周围很多人围着他,又觉得身体暖暖的。他站起来说话:"你是哪村的老伯……"

"我呀!九层天外的人,善哉,善哉!"毛姑说罢,拂袖而去。

就在那一夜,后生兄与妻子庆幸团圆,夫妻俩搂在一起酣睡。半夜间,又有一位老人在他耳边说话:"后生兄,除妖灭怪的大事就靠你们的牛劲咯。石鳖精已被罩在大网里,就看你们的行动,往后会有好日子过的。"后生兄醒来一身汗,原来是一场梦。他把梦里奇事告诉妻子,妻子开始很惊怕,后来倒很支持他。

也在此一夜,"埔仔寨"的宫庙里,一位老爷手持关刀注视着石鳖精的行动,怕它冲破大网溜走。

第二日,后生兄和十几个会打石、会游水的后生家,来到新座桥旁,发现西南面浮起一块又宽又平的埔地,这就是后来的"网地埔"。

大家跳下水,有人扼住石鳖精的喉咙,有人用石凿挖石鳖目。水上冒起一阵阵水泡,不多时,石鳖精的双目就被这帮人扭出来。石鳖精一死,大南山人免除了一大灾害。

人言"天上玉皇,地上恶人,海底妖怪",都是害人害种的东西。大南山上一个勇敢的后生兄带人扭掉石妖怪两个眼睛的事轰动了天上神仙,玉皇大帝命令天官兵卒敲响"马头锣",众兵将擎刀擎斧、摇旗呐喊一齐出动,到处搜掠后生兄。

有一日,后生兄恰巧被天兵看到,即刻被掠上囚车,他的妻子哇哇大哭,后生兄被捆得紧紧的,押上天庭。

毛姑闻信,手提仙拂,脚踏玉石,在半空中看看玉皇要做什么鬼把戏。玉皇开庭审判,用惊堂木一拍,令天兵用铜鞭打,铜鞭使不动。玉皇大惊,浑身是汗,即令天兵天将,在天庭门口立一大石柱,柱顶挂上黄龙大旗,把后生兄捆在旗杆上,以儆后人。后生兄的妻子望着南天门大石柱,哭哭啼啼,毛姑看着很伤心,从身上拔起一支箭射向旗柱,大柱折断。玉皇大惊,即命人把后生兄禁入天牢。

后来,毛姑脚踏那块玉石落在大南山高峰上。

玉石上留下毛姑的脚印,玉皇大帝的大旗柱,折断的一半插在大南山主峰的山尖顶。

后人上山割草,看到山顶这块有脚印的石头,这里正是那时后生兄的妻子站立仰望被缚在天庭门口大石柱上的丈夫的地方,所以就叫它为"望天石",山尖顶那块没有脚印而插立着的大石头,就叫它为"望夫石"。

(《中国民间文学三套集成·广东卷普宁资料本》)

望夫石的来历,说明人的精气一旦消失便会变成毫无生命气息的物体;同样道理,如果人的精气给了其他物体,就会使其产生灵性,能变化成人或别的形象。《易经·系辞上》:"精气为物,游魂为变。"孔颖达疏:"云精气为物者,谓阴阳精灵之气,氤氲积聚而为万物也。"《论衡·论死》:"人之所以生者,精气也。"这些观点都说明了一个道理,精气是构成生命的因素,一旦失去了精气,则象征着生命的消失。在望夫石的故事中,妇女悲伤至极,精气殆尽,化石而死。这种转换形式与无生命之物沾染人的精气或是灵性后具有生命的特征,正好形成相反的形势,但两者反映了同样的传统民间信仰。

血液,作为生命的重要特征,也常常可以帮助物体幻化。来看《艳异编·牛邦本》这则故事:

> 淮人刘还,以事系泗州狱。有王翁者,亦坐词牒至,周旋拔契出狱,共诣酒家话别。忽有一人,问翁姓名,即下拜。翁不识,其人曰:"家有一女,为邪魅所挠,祛之不动。昨忽云,只畏泗州王某耳。一路访公行止,特此恳告。勿借百里之远,救女生全,当不靳十全之报。"翁曰:"我实无他伎俩,岂堪治怪?"其人请不已,翁曰:"向年自凤阳还泗,乘一驴,复挚一空驴行。见一道人,襆被而步,惫且喘。吾问之,答云乏钱,吾以空驴借之。道人感荷,以一卷书授我,曰:'依此而行,可断百怪。然勿受人酬谢也,受则不验。'吾漫置书于笥,亦未省视。尔家怪所畏见者,其即此耶?"乃归,觅书,令其人先还,曰:"具瓮一口,方砖一块,血狗皮一张,炽炭以待。"且戒勿泄。其人喜而去。

次日,翁乃赍符剑以往。入门,怪即言于室曰:"果请王法师来,吾当敛避。"方欲出,而王翁已入,大叱曰:"死老魅何之!"怪躅踏谓女曰:"何处可逃?"女指瓮曰:"此中可。"怪即跃入。翁以狗皮封之,而令主人以砖覆焉。外加重符,其热如火,乃举置炽炭上。初,极口骂翁。瓮热,乃乞哀曰:"法师舍我,我有妻、妹可怜。"翁问:"尔何妖?"答曰:"丑氏。"翁曰:"何物?"曰:"牛骨也。牛而曰丑者,讳之也。"促令供状,乃曰:"供状人牛天锡,字邦本,系多年牛骨。在城隍庙后苑,某年庚申日,某人踢伤脚趾,以血拭邦本身上,因而变幻成形。不合扰害某家小姐云云。妻红砖儿,妹绣鞋儿,见在某处,得相见,死不复恨。"乃停火作法,召将搜捕,得两女子于屋栋上,别以瓮覆之。齐呼牛骨,相与叙泣。翁问:"二物何以作妖?何为与天锡连亲?"答云:"某等一是赵千户家刺梅花下古砖,以庚丙日,其少女采花,伤手滴血吾身,因而得气;一是王郎中妻绣鞋,庚申日沾月水，弃于小院，亦得变化。与牛邦本假合妻妹，实非一体。法师能恕我三人，当远迹市城，永不敢更近人世矣。"翁大笑，竟发火炙杀之，哀声震瓮，良久寂然。启其封，有一牛骨长尺许，女鞋、古砖皆焦灼云。

故事中的牛骨、绣花鞋和古砖在不同时间、不同情况下沾染上了人的血水，便幻化成怪。

得气血成怪还有比较特殊的一种类型，即死人或与丧葬相关的用具，其接触死人，染上人的血肉气味，也算是从人身上沾得灵性。由此，许多与丧葬沾边的东西就很容易被鬼附着其上，从而幻化为怪。

首先，人死后的尸体可以成怪，即生命性征的失而复得。先来看《子不语·石门尸怪》这则故事：

浙江石门县里书李念先，催租下乡，夜入荒村，无旅店。遥望远处茅舍有灯，向光而行。稍近，见破篱拦门，中有呻吟声。李大呼："里书某催粮求宿，可速开门！"竟不应。李从篱外望，见遍地稻草，草中有人，枯瘠，如用灰纸糊其面者。面长五寸许，阔三寸许，奄奄然卧而宛转。李知为病重人，再三呼，始低声应曰："客自推门。"李如其言入。病人告以"染疫垂危，举家死尽"，言甚惨。强其外出买酒，辞不能。许谢钱二百，乃勉强爬起，持钱而行。壁间灯灭，李倦甚，倒卧草中，闻草中飒然有声，如人起立者。李疑之，取火石击火，照见一蓬发人，枯瘦更甚，面亦阔三寸许，眼闭血流，形同僵尸，倚草直立。问之，不应。李惊，乃益击火石。每火光一亮，则僵尸之面一现。李思遁出，坐而倒退。退一步，则僵尸进一步。李愈骇，抉篱而奔。尸追之，践草上，簌簌有声。狂奔里许，闯入酒店，大喊而仆。尸亦仆。酒家灌以姜汤，苏，具道其故。方知合村瘟疫，追人之尸，即病者之妻，死未棺殓，感阳气而走魄也。村人共往寻沽酒者，亦持钱倒于桥侧，离酒家尚五十余步。

第一篇 志怪传统

由此可知,怪与鬼的渊源也可谓深远。在人们的观念中,怪和鬼都是变幻无测、来去无踪的,因此,有时怪也以鬼的形象出现。再来看《醉茶志怪·蓝怪》这则故事:

> 刘某,山左人,寄寓于津,夜卧吸烟,觉凉风飒然,肌肤起粟。怪而视床前,立一蓝面大鬼,冠服皆蓝,高几及屋,眉目悍怒可畏。张口向刘嘘气,便觉身冷如濯冰水,寒战不可耐。刘固武勇,拔佩刀逐之。鬼出寝室而没。归卧片刻,又觉身冷。视之,鬼又至,又逐之而没,已而复来,一夜不堪其扰,至天明始寂然。隔数日,复如前状,甚患之。或劝其移居他室,不从。不得已呼仆伴寝,鬼果不来。遣仆去,则鬼旋至。乃留仆越数日,鬼来如故,但仆无所见,惟觉冷耳。又招数人伴寝,而鬼仍至。刘形销骨立,委顿不复如前善斗矣。未几卧床不起,诸人亦惧而辞去。唯仆蒙被卧其侧;日渐危殆,无计可施。一夕,方撑拒时,见其亡母立床前,以身避蔽。而鬼高过其母,俯吹之,其虐益甚。自思遭此

其祸,致忧及泉下老亲,不觉失声大痛,鬼退后三四步。已而复来,缠绕将半载,终以是殒命。

醉茶子曰:七尺之躯,意为鬼吹而殂,事亦罕闻。然太刚则折,势所必然。既无战胜之才,又无退避之意,其败也宜矣。而泉下慈亲犹来护庇,叹人之于子虽死不忘,为人子者当何如报其亲哉?顾孝念一萌,鬼即稍退,而终不能不索其命。得毋结怨已深,非小善所能抵者?非余之所知也。

故事标题虽言"蓝怪",但事实上就是一个蓝面、蓝衣的厉鬼,夜夜来犯,导致七尺大汉也无法招架,最后身处黄泉的母亲也不得不出面庇护,但仍然落得个丧命的下场,足见鬼之难缠。除鬼之外,陪葬品也常常能为怪,清末学者纪晓岚认为这和狐狸能为妖魅有异曲同工之妙:

然狐本善为妖惑者也。至鬼,则人之余气,其灵不过如人耳。人不能化无为有,化小为大,化丑为妍。而诸书载遇鬼者,其棺化为官室,可延人入;

> 其墓化为庭院,可留人居;其凶终之鬼,备诸恶状者,可化为美丽。岂一为鬼而即能欤?抑有教之者欤?此视狐之幻,尤不可解。忆在凉州路中,御者指一山坳曰:"曩与车数十辆露宿此山,月明之下,遥见山半有人家,土垣周络,屋角一一可数。明日过之,则数冢而已。"是无人之地,亦能自现此象矣。明器之作,圣人其知此情状乎?
>
> 《阅微草堂笔记·姑妄听之一》

在这里,纪晓岚认为狐狸本就是善为妖惑之动物,而鬼之所以能为怪主要是其沾染了人的气息,它们的灵性也跟人没有什么区别。此段文字中提到的明器是古代人们下葬时带入地下的随葬器物,即冥器(有时也写作"盟器"),通常也因为与人的灵气相关而幻化成怪。

当然,对于已经具有血液的物来说,幻化的方式还有一种——脱去皮毛。比如,《殷芸小说·晋江左人》中记载的这个"雄鸡怪":

武库内有雄雉，时人咸谓为怪。华云："此蛇之所化也。"即使搜除库中，果见蛇蜕之皮。

如果仅仅是一只雄鸡，本不算怪，但是如果是蛇蜕皮之后变化而来的，人们便都说它是怪了。再来看《集异记·崔韬》这则故事：

崔韬，蒲州人也。旅游滁州，南抵历阳。晓发滁州，至仁义馆，宿馆。吏曰："此馆凶恶，幸无宿也。"韬不听，负笈升厅。馆吏备灯烛讫，而韬至二更，展衾方欲就寝，忽见馆门有一大足如兽，俄然其门豁开，见一虎自门而入。韬惊走，于暗处潜伏视之，见兽于中庭脱去兽皮，见一女子奇丽严饰，升厅而上，乃就韬衾。出问之曰："何故宿余衾而寝？韬适见汝为兽入来，何也？"女子起谓韬曰："愿君子无所怪，亲父兄以畋猎为事，家贫，欲求良匹，无从自达，乃夜潜将虎皮为衣。知君子宿于是馆，故欲托身，以备洒扫。前后宾旅，皆自怖而殒。妾今夜幸逢达人,愿察斯志。"韬曰:"诚如此意,愿奉欢好。"来日,韬取兽皮衣,弃厅后枯井中,乃挈女子而去。后韬明经擢第,任宣城。时韬妻及男将赴任,与俱行。月余,复宿仁义馆。韬笑曰:"此馆乃与子始会之地也。"韬往视井中,兽皮衣宛然如故。韬又笑谓其妻子曰:"往日卿所着之衣犹在。"妻曰:"可令人取之。"既得,妻笑谓韬曰:"妾试更着之。"衣犹在请,妻乃下阶将兽皮衣着之才毕,乃化为虎,跳踯哮吼,奋而上厅,食子及韬而去。

故事讲的是山西蒲州人崔韬到安徽赴任,夜里正准备睡觉时突然看见一只老虎自门而入。崔韬藏起来后看见老虎脱去虎皮,化做一个美丽的女子,然后走进崔韬的房间,钻进了崔韬的被窝。崔韬走出来问她:"你干嘛睡我床上?我看见你进门的时候是只老虎,这是为何?"女子回答说:"我家里贫穷,想嫁个好人家,苦于没有门路,知道你来了,只好穿着虎衣潜入馆内,希望你能接受我。"崔韬很高兴,两人欢好一夜。第二天,崔韬把虎皮扔进枯井,带着美女去上任。后来崔韬官运亨通,夫妻恩爱,还生了个儿子。崔韬改任时,一家人再次投宿原地。崔韬和妻子开玩笑,把妻子带到井边,看井中虎皮依然光鲜靓丽。妻子笑着说:"我试试还能不能穿。"没想到妻子一穿上虎皮,马上化做一只老虎,跳踯哮吼,把崔韬和儿子吃了,扬长而去。故事里的老虎脱去皮毛便成人,穿上皮毛便成虎,成精作怪只隔着皮毛这一屏障,却也是对其本身自然属性的跨度性超越。

蜕皮成人这一题材在中国古代小说中经常出现,较为常见的主要有鸟类、蛇类等。来看《玉蟾大战蛇魔王》这则故事中的"玉蟾怪":

> 很久以前,崂山里头的一个小山村里,住着一对慈善的孤寡老人,他们一年到头种着几块兔子不拉屎的山冈薄地,过着贫穷的苦日子。
>
> 这一年,山里遇到百年没见的大旱天。老两口起早贪晚,一把汗水、一把血地不断干活,好不容易才把庄稼修饰得绿油油的。老两口欢喜地看着这些庄稼,心里乐开了花。不料想,天旱又遭蝗灾,一

夜之间,那铺天盖地的大蝗虫,把庄稼叶子吃得一干二净。老两口看着被蝗虫糟蹋的庄稼,百般无奈,一齐伤心地放声大哭起来。

这时在崂山朝阳洞里修炼了上千年的玉蟾,听到这悲痛的哭声,走出洞来往山下一看:原来是三年前救过自己性命的恩人,在地头伤心落泪。它想:这两个恩人,已经年过半百,无儿无女,如今又遭大难,我一定要搭救一下,以报大恩。想到这里,就驾起祥云,来到老人身后,叫道:"老人家,别痛苦,莫悲伤,您收俺玉蟾做儿子,玉蟾帮您种庄稼。"

老两口忽听到背后有人说话,立刻止住哭声,急忙回头一看,没有人影,只见一只三条腿的巨蟾,张着簸箕般的大嘴,一张一合地说着话,老两口不见还罢,一见吓得浑身发抖,瞠目结舌,不知该怎么办好。

玉蟾见两个老人吓呆了,连忙又说:"老人家,别害怕,俺是三年前您救过的那只大蟾,今日特意来报答您的救命大恩的。如果您愿意收俺做儿子,往后必过好日子。"那玉蟾说得那么诚心诚意,叫得那么亲热,直说得老汉心满意足,叫得老婆子满心喜欢。这时,老两口笑容满面地说:"玉蟾呀,玉蟾!俺老两口一辈子缺儿少女,有你做儿子也是天大的喜事了。"说着就像得了宝贝一样,领着玉蟾欢天喜地地回了家。

当天晚上老婆子看看这里无米,望望那里没柴,便忧愁地说:"老伴儿,咱有了玉蟾做儿子,可是,家中缺吃少用,往后的日子该怎么过呢?"老汉听了,也愁眉不展地唉声叹气。这时玉蟾道:"爹、娘,别忧愁,我包你吃喝穿戴样样有!"

第二天,鸡叫头遍,老两口和往常一样,老汉拿起扁担要挑水,可往缸里一看,水缸里早已满了;拿起镰刀要砍柴,一看,草棚里也堆满了干柴。老婆子拿起水瓢要淘米,一见水缸里的米满上了尖;一掀锅,锅里往外直冒热气,里头香喷喷的饭菜早已做熟了。老两口看看这儿有条有理,望望那儿整整齐齐,走出院门,就更觉新鲜了:以前,家前屋后光秃秃,一夜之间,家前院后,屋左房右,长出八棵垂杨柳。当老两口乐哈哈地走到自己的庄稼地里一看,更觉惊奇:那被蝗虫毁坏的庄稼,今日却棵棵长得旺旺盛盛,并且,好锄的锄了,好耕的耕了,该上肥的上了肥。老两口眼里看着,心里想着,好生奇怪呀!心里想:是玉蟾做的吧?可它怎么能在一宿之间做这么多营生呢?两口子暗中一商量:今晚不睡觉,要看个水落石出。

天黑了,老两口把玉蟾抱到炕上,临困觉时老汉说:"老伴儿,天这么旱,又闹蝗灾,明日咱去山泉挑水,把庄稼浇一浇,把蝗虫捉捉。"老婆子随口答应一声:"是啊!"这时玉蟾说:"爹、娘,别操劳了,今夜雨后,自有禽兽灭蝗虫。"老汉觉得奇怪:"孩子,别瞎说了,满天星星,没有一点儿云彩花,哪里来的雨?那些飞禽走兽,又怎么能来灭蝗虫?快困觉吧!"说着就躺下困起觉来。

那两个老人,虽然嘴上说困觉,并没有一点儿困意,他们都想看看玉蟾到底用什么方法,做出这样的奇事来。

半夜三更,玉蟾见夜深人静了,听爹娘都呼呼地困了,便悄悄地把被一掀,屋里顿时金光万道,只见玉蟾一打滚,脱下一层蟾衣,变成一个美貌俊秀的仙童,手中拿着一把拂尘,轻轻一摆,门便自动地开了,又将双脚一跳,就一溜清风地不见了。老两口爬起来就追,刻时,东找西寻不见踪影。两人正在着急,忽然听得房后山泉里有人说话。两个人趁着夜色,悄悄地来到房后,偷偷地观看:只见玉蟾喝一口清泉水,往空中一喷,口中念道:"九龙九龙听仔细,玉蟾仙童来求你。快布云,快洒雨,为民除旱莫迟疑。"话音没落,月光下现出九条不同颜色的飞龙,各自喷云吐雾,不一会儿工夫,便乌云翻滚,遮住了满天星斗,一阵狂风过后,就霹雷火闪地下起了瓢泼大雨。

岁久、形似以及获得精气,是物体成怪的主要条件,正如纪晓岚所言,"其于物也,既有其质,精气斯凝,以质为范,相肖以成"[1],再加上时间幻化,在三个条件相辅相成作用之下,物通过各种手段最终幻化成为怪。

---

[1] 纪昀:《阅微草堂笔记》,汪贤度点校,上海古籍出版社,1998年版,第404页。

第二篇　庞杂怪族

中国古代小说具有久远而绵延的志怪传统,民间传说故事也具有丰富而多彩的怪物题材,也就使得我们能够听到或是看到的怪物形象数不胜数。从最早的山精水魅到人尽皆知的狐仙花妖,怪物可谓无处不在、无所不包,形成了一个成分庞杂、奇形怪状的大家族。

由于"妖"、"精"、"怪"范畴之间的互相交叠,导致怪成为一个比较庞大的族群,对其类别划分并非易事,但从一般意义上说,还是可以按照怪的原形将其分为两大类、四小类:两大类即非生物类和生物类;四小类即分属其下的自然物、人造物以及动物、植物。

自然怪状如人

这类怪物通常是以自然界天然存在之物作为原形而幻化生成,比如山、水、石等自然物或是彩虹、火苗等自然现象。

先来看由山幻化出的怪物,《太平广记·山精》收录了几则相关的说法:

吴天门张盖,冬月,与村人共猎。见大树下有蓬庵,似寝息处,而无烟火。有顷,见一人,身长七尺,毛而不衣,负数头死猿。盖与语不应,因将归,闭空屋中。十余日,复送故处。

又孙皓时,临海得毛人。《山海经》云:"山精如人,面有毛。"此即山精也。故《抱朴子》曰:"山之精,形如小儿而独足。足向后,喜来犯人。其名蚑,知而呼之,即当自却。再一名曰超空,亦可兼呼之。"

又有山精,或如鼓,赤色一足,其名曰浑。

又或如人,长九尺,衣裘戴笠,名曰金累。

又或如龙,有五赤色角,名曰飞龙。见之,皆可呼其名,不敢为害。《玄中记》:山精如人,一足,长三四尺。食山蟹,夜出昼藏。

以上记载的是比较常见的几种山精的形象。另外,还有一类叫做山臊,"是中国南方常见的山地精怪,它的原型大约是狒狒、猩猩一类,因为其形状似人,所以人们

很早将它神异化"①,也被称为"山魈",下面来看关于山魈的故事:

> 湖州孙叶飞先生,掌教云南,素豪于饮。中秋夕,招诸生饮于乐志堂,月色大明。忽几上有声,如大石崩压之状。正愕视间,门外有怪,头戴红纬帽,黑瘦如猴,颈下绿毛茸茸然,以一足跳跃而至。见诸客方饮,大笑去,声如裂竹。人皆指为山魈,不敢近前。伺其所往,则闯入右首厨房。厨者醉卧床上,山魈揭帐视之,又笑不止。众大呼,厨人惊醒见怪,即持木棍殴击,山魈亦伸臂作攫搏状。厨夫素勇,手抱怪腰,同滚地上。众人各持刀棍来助,斫之不入,棍击良久,渐渐缩小,面目模糊,变一肉团。乃以绳捆于柱,拟天明将投之江。
>
> 至鸡鸣时,又复几上有极大声响。急往视之,

---

① 萧放等著:《中国民俗史》(明清卷),钟敬文主编,萧放副主编,人民出版社,2008年版,第363页。

怪已不见。地上遗纬帽一顶,乃书院生徒朱某之物,方知院中秀才往往失帽,皆此怪所窃。而此怪好戴纬帽,亦不可解。

(《子不语·缚山魈》)

这则故事比较详细地描绘了山魈的外在形象,说其头戴红帽、黑瘦如猴,用一只脚蹦跶着走,经常大笑,并且很喜欢偷人的帽子。再来看下面这则故事:

孙太白尝言:其曾祖肄业于南山柳沟寺。麦秋旋里,经旬始返。启斋门,则案上尘生,窗间丝满。命仆粪除至晚,始觉清爽可坐。乃拂榻陈卧具,扃扉就枕,月色已满窗矣。

辗转移时,万籁俱寂。忽闻风声隆隆,山门豁然作响。窃谓寺僧失扃。注念间,风声渐近居庐,俄而房门辟矣。大疑之。思未定,声已入室;又有靴声铿铿然渐傍寝门,心始怖。俄而寝门辟矣,急视之,一大鬼鞠躬塞入,突立榻前,殆与梁齐。面似老瓜皮色;目光睒闪,绕室四顾;张巨口如盆,齿疏疏长三寸许;舌动喉鸣,呵喇之声,响连四壁。公惧极;又念咫尺之地,势无可逃,不如因而刺之。乃阴抽枕下佩刀,遽拔而斫之,中腹,作石缶声。鬼大怒,伸巨爪攫公。公少缩。鬼攫得衾,摔之,恚恚而去。

公随衾堕,伏地号呼。家人持火奔集,则门闭如故,排窗入,见状大骇。扶曳登床,始言其故。共验之,则衾夹于寝门之隙,启扉检照,见有爪痕如簸,五指着处皆穿。既明,不敢复留,负笈而归。后问僧人,无复他异。

《聊斋志异·山魈》

这个故事里面的山魈相对就比较恐怖了,它不是为了偷盗而来,而是以袭击人为主要目的,因而将其与鬼并称,虽然没有得逞,但也让人惊得一身冷汗。

与山相类似的是石头,《史记·留侯世家》中就记载了一则黄石公赠张良书的民间故事:

（张）良尝闲从容步游邳圯上，有一老父，衣褐，至良所，直堕其履圯下，顾谓良曰："孺子，下取履！"良愕然，欲殴之；为其老，强忍，下取履。父曰："履我。"良业为取履，因长跪履之。父以足受，笑而去。良殊大惊，随目之。父去里所，复还，曰："孺子可教矣！后五日平明，与我会此。"良因怪之，跪曰："诺。"

五日平明，良往。父已先在，怒曰："与老人期，后，何也？"去，曰："后五日早会！"五日鸡鸣，良往。父又先在，复怒曰："后，何也？"去，曰："后五日复早来！"五日，良夜未半往。有顷，父亦来，喜曰："当如是！"出一编书，曰："读此则为王者师矣！后十年兴，十三年孺子见我济北，谷城山下黄石即我矣。"遂去，无他言，不复见。旦日，视其书，乃《太公兵法》也。良因异之，常习诵读之。子房始所见下邳圯上老父与《太公书》者，后十三年从高帝过济北，果见谷城山下黄石，取而葆祠之。留侯死，并葬黄石冢。每上冢伏腊,祠黄石。

故事里所说的"老父"便是石怪,传说《太公兵法》乃是一石怪相赠,主要是表明张良后来辅佐汉高祖打下天下是由神灵相助的结果。再来看民间一则关于石头成怪的故事:

很多很多年以前,在一个山脚下,有一个村子,村子里有一群姑娘。姑娘中最小的一个,名叫凤丹。凤丹刚刚十七岁,脸蛋长得红是红白是白的,眉毛像弯弯的柳叶,眼睛像透亮的泉水,要是一笑,就露出一排小白牙。姑娘们相亲相爱,大家喜爱小凤丹,就像喜爱一颗明珠一样。

这一年春季的一天,姑娘们挎着筐子上山采山菜。这山可大啦,山菜可多啦,老母猪忽达啊、鹁鸪腿啊、蕨菜呀、刺母菜啊、山铃铛、猫蹄子啊,数也数不清。风儿轻轻地吹,小鸟啾啾地叫,野菜散发着清香。她们采呀采,不知不觉地越走越远,走进了深山里。深山里,林木丛生,又高又密,只能从树叶缝里透过一点点太阳光亮。野兔、狍子常在她们跟前进进出出,还能听到老虎的吼声。她们有点害怕了,便想转身回去。正在这时候,忽然一阵大风,这风可大啦,竟把她们卷起来了,卷到了空中,经过了老远,才落到地上。等她们立住脚一看,正站在一座小桥前。小桥是三根树木拼起来的,桥下是万丈深沟,连底都看不着,只听见水撞在石头上砰砰的响声。桥那边好像一个人站在那儿向她们摆手。姑娘中最大的一个说:"别往前走了,快回家吧!"凤丹拦住了大家,说:"咱们过去看看那个人,是不是迷了路!"说罢,她领头过了桥。过桥一看,那人原来是个石头人。这石头人个头挺高,胸脯很宽,方脸高鼻梁,样儿很好看。山里的姑娘从没见过石人,觉得挺新奇,有的捏鼻子,有的抠眼睛,有的摸脸庞,叽叽咯咯笑个不停。这时凤丹想出一个好主意,说:"咱们扔筐玩吧,看谁把筐套在石人脖子上,谁就给他做媳妇。"姐妹们齐声说好。

扔筐由最大的姐姐开始,一个接一个,说来也怪,筐儿扔过去,不是落在石人左面,就是右面,再不就是掉到身前,滑到身后,套来套去没有一个人能套中。说来更怪,轮到凤丹的时候,她筐一出手就不偏不斜正好套在石人脖子上。风一吹,筐一悠当一悠当的,逗得姑娘们都笑了,小凤丹更是乐得前仰后合。大姐姐逗笑地说:"看你乐得这样,你真给石人做媳妇得了!"其他姐妹也凑趣地说:"石人给我们当妹夫啦!"这一来凤丹倒不笑了,心想:他是石头,我是人,人怎么给石头人做媳妇?不知哪个姐姐更是调皮,冲着石人问:"我们把凤丹给你做媳妇你乐意不乐意?"想不到石人把头点了三点,嘴儿一动,笑了。这下子姑娘们可吓坏了,转身就往回跑。

之后,丹凤与这个石头人梦中成亲,诞下一个儿子,因而被称为石头儿子。

再来看《神异录》中记载的这则故事,主要是讲述彩虹幻

化成怪的事情:

> 庐陵巴丘人陈济,为州吏。其妇秦在家,一丈夫长大端正,着绛碧袍,衫色炫耀,来从之。后常相期于一山涧,至于寝处,不觉有人道相感接。如是积年。村人观其所至,辄有虹见。秦至水侧,丈夫有金瓶,引水共饮,后遂有身。生儿如人,多肉。济假还,秦惧见之,内于盆中。丈夫云:"儿小,未可得我去。"自衣,即以绛囊盛。时出与乳之时,辄风雨,邻人见虹下其庭。丈夫复少时来,将儿去,人见二虹出其家。数年而来省母。后秦适田,见二虹于涧,畏之。须臾,见丈夫云:"是我,无所畏。"从此乃绝。

虹,本是看得见却摸不着的自然现象,但在民间传说中可以幻化为丈夫与人交合,并且生儿如人,可见这怪物已经"修行"到一定程度了。与此相关的雨、雪等皆可以成为精怪,来看如下两则民间故事:

玉皇爷听说人间有老两口在世上行善积德,尽干好事,连个蚂蚁的命也不忍心害死,就装扮成一个要饭的老汉来到世间,他要看看虚实。

一天,老两口来庙里烧香还愿,见一个要饭的老汉倒在路边,就急忙把他抬回家,给喂饭,请人给看病。两天后,老汉病好了,硬是要走,老两口说:"你年纪大了,在外面挨饥受冻的怎么能行呢,你还是住下吧!"老汉拗不过他们就住下了。他就是玉皇爷。

玉皇爷在他们家里住到第九十九天,老两口要出远门,就对他说:"老哥,你住下给娃做个伴,我俩明日就回来。"玉皇爷答应了,当天晚上他对老两口十九岁的儿子说:"我今晚要走,你到了三更时把窗打开,喊一声'雨水姐姐',就有人给你作伴。"说完就飞上天宫去了。到了三更时候,小伙子打开窗喊了一声"雨水姐姐",一个身着绿衣,长着柳叶眉、杏子眼的姑娘从窗口飘了进来,给小伙作伴。

第二天,老两口一进门不见了要饭的,心想:老哥在外面又要受罪了。晚上,小伙子不愿再跟父母睡。他父亲说:"娃大了,你就独自一个睡吧。"晚上雨水姐姐又给小伙作伴了。

等到第二个九十九天的晚上,雨水姐姐对小伙子说:"我要回天宫了,你到腊月二十三的晚上在窗上喊我,你就能来天上。"说完就走了。

到了腊月二十三晚上,小伙子对着窗口喊:"雨水姐姐!"窗口里伸进一条白绸带,小伙子沿着白绸带走去。走着,走着,见一个人拉着牛耕地,他问那人该怎么走。那人让他往右拐。走着走着,他又见一个老妇人在涝池边洗衣服,他问该怎么走。老妇人说往右拐。走了一段路,他到了雨水姐姐的家里,雨水姐姐含羞地推着一个小男孩说:"叫爸呀!"小伙子知道自己有了娃,也很高兴,就住了下来。

雨水姐姐住的房子有四个窗户,有一天雨水姐姐对小伙子说:"你在东窗看,在西窗看,在南窗看,千万不可在北窗看。"小伙子一天禁不住好奇心,悄悄地走向北窗,刚一伸头就眼前一黑,咚的一声掉进了人间。

每年腊月二十三小伙子都要在窗口喊雨水姐姐,窗口却再没有出现绸带,小伙子再也上不了天了。

一年天闹旱灾,地皮都裂口了,小伙子边走边说:"今天有大雨。"正好县令路过,就要抓小伙子问罪。小伙子焦急地喊:"雨水姐姐,雨水姐姐救救我。"轰的一声,天空一声雷响,接着大雨落了下来。县令见他料事如神,给他封官加禄,当了他的师爷。后来,他娶了一个年轻美貌的妻子,日子倒也过得挺美满。

《中国精怪故事》

古城酒泉县城北门外,有一座仙姑庙,也叫雪姑庙,庙里塑着一尊雪美人的神像。关于雪美人,还有一个民间传说。

相传在很多年以前,北门外的北大河边,住着一户穷人。儿子叫大牛,靠租种财主的地过活。大牛都快三十了,还没有娶媳妇,二老心里十分着急。这一天,村里下了一场大雪,足足有三尺三寸深,从雪里飘起一位美人,来到大牛家。雪美人长得可漂亮了:眉毛弯弯的,眼睛大大的,小嘴尕尕的,腰身细细的,说起话来和和气气的,见过她的人都把大拇指竖得高高地称赞她。大牛的父母更是高兴,心想:天底下哪里寻找这样好的媳妇啊!大牛也高兴得整天合不上嘴。

谁知这件事一传十、十传百,没几天就传遍了全村,让村里的大财主赵二爷知道了。赵二爷长得十分难看:一双老鼠眼睛小小的,玉米棒一样的脑袋长长的,大蒜鼻子红红的,木鱼一样的长嘴扁扁的。他心眼又狠又坏,人们见了他都躲得远远的。听说大牛家飞来了一位漂亮的雪美人,赵二爷暗暗起了坏心,他立刻带着一群打手,蛮不讲理地闯进了大牛家。大牛一见赵二爷要来抢人,抓起一把锄头就要上去拼命。雪美人从中拦住,不慌不忙地说:"你们不要吵,不要闹,我出三道题,你们谁能答上我就和谁成亲,怎么样?"赵二爷高兴地在地上跳蹦子,连说:"行,行!你快出题。"雪美人说:"你们谁能把天上的星星摘下来?"

赵二爷想了三天三夜,急了一身臭汗,怎么也答不上。到了晚上,大牛指着北大河里的水说:"你们看,我把天上的星星全部摘下来养在水里了!"乡亲们都说大牛答得好。

赵二爷不服气,他吵吵嚷嚷地说:"说好三道题,才答了一道,不能算,不能算!"

雪美人又说:"你们谁能把天上的月亮取下来捧在手里?"

赵二爷想了五天五夜,头发掉了一大把,还是答不上来。到了晚上,明月当空,大牛取来一面铜镜,指着铜镜说:"你们看,我手上这轮月亮多好看呀!"乡亲们又齐声夸奖大牛答得好。

赵二爷连连摆手说:"半夜三更天不亮,才说了两道题,还有一道题哩!"

雪美人又说:"你们谁能告诉我,太阳是什么味道?"

赵二爷想了九天九夜,头都想疼了,怎么也答不出来。大牛不慌不忙,搬个梯子上了房,从房顶上取下几个晒下的干馒头,用手掰开一个说:"你们闻吧,太阳就是这个味道。"乡亲们过来一闻,都说:"这的确是太阳的味道。"他们为大牛的聪明高兴。赵二爷气得要死,但有言在先,又当着乡亲们,只好带着打手灰溜溜地走了。大牛赢了,他和雪美人成了亲,男耕女织,欢欢乐乐地过日子。雪美人死后,人们为了纪念她,修了这座仙姑庙。

(《中国精怪故事》)

以上两则故事中讲述的雨水姐姐和雪美人都是由自然现象幻化而成的精怪。除此之外,自然现象能够幻化成怪的

还有一类——火,来看《慕异记·杨祯》这则故事:

进士杨祯,家于渭桥。以居处繁杂,颇妨肄业。乃诣昭应县,长借石瓮寺文殊院。居旬余,有红裳既夕而至。容色姝丽,姿华动人。祯常悦者,皆所不及。徐步于帘外,歌曰:"凉风暮起骊山空,长生殿锁霜叶红。朝来试入华清宫,分明忆得开元中。"祯曰:"歌者谁耶,何清苦之若是?"红裳又歌曰:"金殿不胜秋,月斜石楼冷。谁是相顾人,襄帷吊孤影。"祯拜迎于门。既即席,问祯之姓氏,祯具告。祯祖父母叔兄弟中外亲族,曾游石瓮寺者,无不熟识。祯异之曰:"得非鬼物乎?"对曰:"吾闻魂气升于天,形魄归于地,是无质矣,何鬼之有?"曰:"又非狐狸乎?"对曰:"狐狸者,接人矣,一中其媚,祸必能及。某世业功德,实利生民。某虽不淑,焉能苟媚而欲奉祸乎?"祯曰:"可闻姓氏乎?""某燧人氏之苗裔也。始祖有功烈于人,乃统丙丁,镇南方。复以德王神农、陶唐氏。后又王于西汉。因食采于宋,远祖无忌,以威猛暴耗,人不可亲,遂为白泽氏所执。今樵童牧竖,得以知名。汉明帝时,佛法东流。摩胜、竺法兰二罗汉,奏请某十四代祖,令显扬释教,遂封为长明公。魏武季年,灭佛法,诛道士,而长明公幽死。魏文嗣位,佛法重兴,复以长明世子袭之。至开元初,玄宗治骊山,起至华清宫,作朝元阁,立长生殿,以余材因修此寺。群象既立,遂设东幢。帝与妃子,自汤殿宴罢,微行佛庙,礼陁伽竟,妃子谓帝曰:'当于飞之秋,不当今东幢岿然无偶。'帝即日命立西幢,遂封某为西明夫人。因赐琥珀膏,润于饥骨。设珊瑚帐,固予形貌。于是选生及蛾,即不复强暴矣。"祯曰:"歌舞丝竹,四者孰妙?"曰:"非不能也,盖承先祖之明德,裹炎上之烈信,故奸声乱色,不入于心。某所能者,大则铄金为五兵,为鼎鬲钟镛;小则化食为百品,为炮燔烹炙。动即煨山岳而烬原野,静则烛幽暗而破昏蒙。然则抚朱弦,咀玉管,骋纤腰,矜皓齿,皆冶容之末事,是不为也。昨闻足下有幽隐之志,籍甚既久,愿一款颜。由斯而来,非敢自献。然宵清月朗,喜觌良人,桑中之讥,亦不能耻。倘运与时会,少承周旋,必无累于盛德。"祯拜而纳之。自是晨去而暮还,唯霾晦则不复至。常遇风雨,有婴儿送红裳诗,其词云:"烟灭石楼空,悠悠永夜中。虚心怯秋雨,艳质畏飘风。向壁残花碎,侵阶坠叶红。还如失群鹤,饮恨在雕笼。"每侵星请归,祯追而止之。答曰:"公违晨夕之养,就岩谷而居者,得非求静,专习文乎?奈何欲使采过之人,称君为亲而就偶。一被瑕玷,其能洗涤乎?非但损公之盛名。亦当速某之生命耳。"归半年,家童归,告祯乳母。母乃潜伏于佛榻,俟明以观之。果自隙而出,入西幢,澄澄一灯矣。因扑灭,后遂绝红裳者。

故事里幻化成为女子的既不是鬼,也不是狐狸,只是一盏灯里的火苗而已。事实上,由自然物幻化而成的怪并不常见,究其原因,当是其中一部分受自然崇拜的影响极深所致。

器物幻化成怪

这类怪物通常是以人工制作的物体为原形而幻化生成,既包括人类物质生活中的各种用具,又包括人类精神生活创作的各类艺术品。

首先,人类日常生活中的包括锅碗瓢勺等必需的生活用品以及供奉、丧葬等礼俗中的特殊用品在内的器物皆可幻化成怪。先来看《宣室志》中的这则故事:

> 汧阳郡有张女郎庙。上元中,有韦氏子客于汧阳,途至其庙,遂解鞍以憩。忽见庙宇中有二屦子在地上,生视之,乃结草成者,文理甚细,色白而制度极妙。韦生乃收贮于囊中,即而别去。及至郡,郡守舍韦生于馆亭中。是夕,生以所得屦置于前而寝。明日,已亡其所在,莫穷其处。仅食顷,乃于馆亭屋瓦上得焉。仆夫惊愕,告于韦生,生即命升屋而取之。既得,又置于前。明日,仍失其屦,复于屋

瓦上得之。如是者三。韦生窃谓仆曰:"此其怪乎?可潜伺之。"是夕,其仆乃窃于隙中窥之。夜将半,其屦忽化为白鸟,飞于屋上。韦乃命取焚之,卒飞而去。

屦,也就是鞋子,而这里讲述的正是草鞋作怪后被人焚烧的故事。从编制精妙的草鞋到翩翩而飞的白鸟,器物成怪可见一斑。再来看下面这则故事:

> 张公衣涛,将聘女。所作嫁衣置床上,忽自起坐如人状。女惊走,衣随之。女大号,家人至,衣始倒地。女未及出阁而亡,盖衰气所感,鬼物凭之也。
>
> 又予表弟郭式如,在都中肆上购得官绸袍一件,置机上,衣忽如人坐。视领上微有血痕,细如密雨,盖受刑者之衣也。弃之。
>
> (《醉茶志怪·衣怪》)

跟鞋子一样,人穿的衣服也能作怪,这大概主要是由于其与人联系比较密切,经常沾染人气所得。除此以外,人们

的日用生活品,包括枕头、扫帚、瓶盖、灯台在内的各种实物基本都可以幻化成怪。先来看《子不语·礅怪》这则故事:

> 高睿功,世家子也。其居厅前有怪。每夜人行,辄见白衣人长丈余,蹑后,以手掩人目,其冷如冰。遂闭前门,别开门出入。白衣人渐乃昼见,人咸避之。睿功偶被酒坐厅上,见白衣人登阶倚柱立,手拈其须,仰天微睇,似未见睿功在坐者。睿功潜至其后,挥拳奋击,误中柱上,挫指血出,白衣人已立丹墀中。睿功大呼趋击,时方阴雨,为苔滑扑地。白衣人见而大笑,举手来击,腰不能俯;似欲以足蹴,而腿又长不能举;乃大怒,环阶而走。睿功知其无能为,直前抱持其足而力掀之,白衣人倒地而没。睿功呼家人就其初起处掘,深三尺,得白瓷旧坐礅一个,礅上鲜血犹存,盖睿功指血所染也。击而碎之,其怪遂绝。

故事里的这个怪物就是由厅内的旧家具——坐礅幻化

而来的。再来看《中国妖怪事典》中的一则故事：

上都(长安)有位僧人叫做太琼,他因为很擅长讲授《仁王经》而闻名。

开元年初,太琼便来到奉化县的京遥村讲授他那最拿手的《仁王经》,并一直留住在村内的寺庙里,这是在第二年夏天刚过的某一天所发生的故事。

太琼正要持钵前往殿堂时,发现门旁摆放着一个东西,走进仔细一瞧,原来是一个初生的婴儿,婴儿身上穿的婴儿服还很新。太琼吓坏了,连忙将婴儿包在衣袖里走出了大门,准备将婴儿托村人抚养照顾。

大约走了五六里路,太琼发现袖子变轻了,伸手一探,袖中的婴儿已经不见了,取而代之的是一把破旧的扫帚。

这里记载的扫帚怪也是中国民间传说中经常出现的一

种类型,原因大概有二:一是常在人手,沾染了灵气;二是与人们的日常生活息息相关,于是经常被纳入到人类的想象世界。此外,在以人造物为原形幻化成怪的现象中还有一类比较特殊的原形——金银,比如《稽神录·括异志》中的这则故事:

> 江南陈濬尚书自言:其诸父在乡里好为诗,里人谓之陈白舍人,比之乐天也。性疏简,喜宾客。尝有二道士,一黄衣,一白衣,诣其家求宿。舍之厅事。夜间闻二客床坏,訇然有声。久之,若无人者。秉烛视之,见白衣人卧于壁下,乃银人也;黄衣人不复见矣。自是致富。

金银幻化成怪的故事在明清小说中较为常见,来看《闽都别记》中记载的这个故事:

> 那老人曰:"此间有财宝,指与汝得之。方才非六鬼,乃是六块黄金之精,五百年前王神仙所埋,交与老汉看管,俟王家子孙兴发时发现,与人得之。

今王氏兴发,此精因将出现,故屡屡来惊人。老汉也管不住,看官人乃有福之人,指点汝去得之,免我日夜防他不暇。"我即跪下求教,他曰:"要先到王神官告以开挖,丙丁日起发,即于此山上两株大榕中间,上面先用青草烧焦,后开挖。下面有黄金六块,将近千两,折银万余,起出即须入火炼过,终不能再变。当紧记勿忘,老汉去也。"我还要问,那老人忽然不见,想必是土地公了。

此外,与金银精怪相关的故事还出现在明清的各类小说中,比如《初刻拍案惊奇》、《二刻拍案惊奇》、《绿野仙踪》,等等。

其次,人类文化生活所需要的文具、乐器等工具或是创作的塑像、画像等艺术品也可幻化成怪。先来看《宣室志》中一则毛笔幻化成怪的故事:

> 元和中,博陵崔毂者,自汝郑来,侨居长安延福里。尝一日读书牖下,忽见一童,长不尽尺,露发,

衣黄,自北牖下趋至榻前,且谓毂曰:"幸寄君砚席,可乎?"毂不应。又曰:"我尚壮,愿备指使,何见拒之深耶!"毂又不顾。已而上榻,跃然拱立良久,于袖中出一小幅文书致毂前,乃诗也,细字如粟,历然可辨。诗曰:"昔荷蒙恬惠,寻遭仲叔投。夫君不指使,何处觅银钩。"览讫,笑而谓曰:"既愿相从,无及后悔耶!"其童又出一诗,投于几上,诗曰:"学问从君有,诗书自我传。须知王逸少,名价动千年。"毂曰:"吾无逸少之艺,虽得汝,安所用。"俄而又投一篇曰:"能令音信通千里,解致龙蛇运八行。惆怅江生不相赏,应缘自负好文章。"毂戏曰:"恨汝非五色者。"其童笑而下榻,遂趋北垣,入一穴中。毂即命仆发其下,得一管文笔。毂因取书,锋锐如新,用之月余,亦无他怪。

再来看《西樵野记·桃花仕女》这则故事:

绍兴上舍葛棠,狂士也,博学能文,每下笔千余言,未尝就稿,恒慕陶潜、李白之为人,事辄效之。

景泰辛未,筑一亭于圃,编其亭曰风月平分,旦夕浩歌纵酒以自适焉。亭后张一桃花仕女古画,棠对之戏曰:"诚得是女捧觞,岂吝千金。"夜饮半酣,见一美姬进曰:"久识上舍词章之士,日间重辱垂念,兹特歌以侑觞。"棠略不计其真伪,曰:"吾欲一杯一咏。"姬乃连咏百绝,如云:"梳成鬆髻出帘迟,折得桃花三两枝。欲插上头还住手,遍从人问可相宜。""恢恢欹枕卷纱衾,玉腕斜笼一串金。梦里自家搔鬌发,索郎抽落凤凰簪。""家住东吴白石矶,门前流水浣罗衣。朝来系着木兰棹,闲看鸳鸯作队飞。""石头城外是江滩,滩上行舟多少难。潮信有时还又至,郎舟一去几时还。""浔阳南上不通潮,却算游程岁月遥。明月断魂清霭霭,玉人何处教吹箫。""山桃花开红更红,朝朝愁雨又愁风。花开花谢难相见,懊恨无边总是空。""西湖叶落绿盈盈,露重雾多荡漾轻。倒折荷枝丝不断,露珠易散似郎情。""芙蓉肌肉绿云鬟,几许幽情话欲难。闻说春来倍惆怅,莫教长袖倚阑干。"余皆忘之矣。棠沉醉而卧,晓间视画上,忽不见仕女,少焉复在。棠大异,即碎裂之。

葛棠戏谑画像,岂料仕女真的从画像中走了出来,且充满诗情画意,但被识破之后,还是一碎了之。

民间也有关于画中女的故事,比如《王小娶妻》:

> 早时候,一个深山沟里有两间草房,里面住着老两口儿领一个小伙子,这个小伙子名叫王小。老两口儿以打柴为生,拉扯王小过日子。转眼王小十八了,就在这一年老两口儿一同故世了。剩下王小一人,只好每天打一捆柴,到街上去换些盐米回来维持度日。
>
> 一天,王小打一捆柴又到街上去卖,见人们都在争抢买画。王小见画上是个非常漂亮的大姑娘,就顺便买了一张,挂在了家里的墙上。每天打柴前他都要看上一眼,一晃已有半年多了。

这天，王小照样打一捆柴到街上换些盐米。回到家刚一进院，就见自己的小屋里烟气腾腾的，很纳闷儿，便进了屋。一揭锅，满锅雪白的馒头还直冒气呢。王小心想：这是谁给做的呢？管它呢！饿坏了，吃完再说吧！咬一口尝尝，又香又可口，越吃越爱吃，一口气吃下十多个。第二天早上又饱饱地吃了一顿，照样砍柴到街上去卖。

卖完了柴回来，又见自己屋里热气腾腾。进屋一看，谁也没有。揭锅又是一锅雪白的馒头，这回王小可真有点奇怪了。是谁给做的呢？王小想弄个明白。第二天吃完饭，他拿着柴刀在房后山坡上藏了起来。刚要到晌午的时候，见小屋的烟筒冒烟了，王小轻手轻脚地来到后窗底下，用舌头舔破窗纸往里一看，见一位清秀的姑娘正在屋里忙来转去，一会儿烧火，一会儿和面，一袋烟工夫锅就开了。锅一开，这大姑娘"呼啦"一下就没了。王小急忙进屋寻找，哪儿也没有，只见墙上那张画好像动了动,王小便想:会不会是她?

第二天王小又在房后偷看。看清了,果真见那张画"呼啦"一声响,就跳下一位清俊的大姑娘,忙着给王小做饭,可把王小乐坏了。王小每天照样打柴,回来准能美美地吃上雪白的馒头。过了好几天,王小心想:总这样什么时候是头儿,如果能在一起多好!

这天,王小又到房后藏了起来,趁着姑娘从画上跳下来忙着烧火做饭的时候,王小赶忙从房后跑进屋,一把抱住了姑娘说:"你可别回去了,答应和我在一起过吧!"姑娘不好意思地一笑说:"那也好,我见你太苦了,不过你得答应我一个条件。"王小问:"什么条件?"姑娘说:"你得把这张画收好。"王小满口答应,把画很精心地收藏了起来。从此姑娘就和王小生活在一起了。王小每天到山上砍柴,姑娘在家里做饭,小两口过得蛮红火,亲亲热热,体体贴贴。

俗话说：人有旦夕祸福。有一天,家里来了两个陌生人,说是给皇上打鹌鹑的。皇上每天都让打,近处已经打没了,他俩才来到这深山沟里。两个打鹌鹑的官差见王小的媳妇长得怪好看的,就磨磨蹭蹭地不想走。眼瞅着就要黑天了,两个官差不但不走,而且还唉走叹气地发起愁来。王小媳妇一问才知是因打不着鹌鹑,回去要被杀头。王小媳妇说:"这有什么可难的,我用面给你捏几个。"说着,不一会儿工夫两鹌鹑就捏成了。王小媳妇把手一松,便在屋里飞了起来。两个官差赶紧过去一下子抓在手里,乐滋滋地回去了。

打这天起,两个官差每天都来这里一坐就是半天,等天黑的时候,王小媳妇就给他们捏两个鹌鹑拿回去。

一来二去,这事被皇上知道了。就派了二三十人来抢王小媳妇。王小媳妇一算感到不好,对王小说:"不好了,皇上要来抢我。"王小一听可有点慌了:"这怎么办呀?"王小媳妇说:"别忙,你明天去南山,那里有我一个舅舅,他有三件宝匣,其中一个是雨匣,一个是水匣,一个是冰匣。你去把雨匣取来。"第二天王小果真拿了回来。等官兵一到,王小媳妇打开了雨匣,晴朗的天忽然下起雨来。雨点像雹子似的浇得官兵蒙头转向,像落汤鸡似的,连滚带爬全都逃了回去。这下可激怒了皇上,他下令:"给我抢!"这次又被王小媳妇知道了,忙叫王小又去取那二样宝。等官兵一到,王小和媳妇骑在屋脊上,打开了水匣,大水越涨越多,一直没到官兵的脖子。这时王小媳妇又打开了冰匣,把这些官兵全都给冻死在里边了。

从此王小就与姑娘过上了安稳的日子,姑娘还给王小生了个胖娃娃哩!

《中国精怪故事》

由此可见,画像中的人物幻化成真是中国古代小说和民间传说故事中常见的题材,或是由于其本身跟人的形象差别不大,反而更容易幻化成为带有灵性的物体,也就是常说的"怪"。

奇异植物为怪

这类怪物通常是以植物为原形幻化而成,其中一般包括树木花草以及药材等各类怪物。

树怪较为普遍,其原形包括松树、杨树、柳树、桑树、枣树、槐树等各类人们日常生活中常见之树种,而其被称之为怪也有不同的形式。其一,树长得比较奇怪,即枝干部分长成人形,比如《搜神记》中的这则故事:

> 成帝永始元年二月,河南街邮樗树生枝如人头,眉目须皆具,亡发耳。至哀帝建平三年十月,汝南西平遂阳乡有材仆地生枝如人形,身青黄色,面白,头有髭发,稍长大,凡长六寸一分。京房《易传》曰:"王德衰,下人将起,则有木生为人状。"其后有王莽之篡。

树长成人形,本无可怪,但在当时看来是一种灾祸的预兆,因而被称之为怪。但在当代人看来,这恐怕就不是怪事,更有甚者,可能会采用一些手段将树木修剪得颇似人形,以审美的眼光来看待。

树成怪的另外一种形式是流血,如《异苑》中所记:"永嘉松阳赵冀以义熙中与大儿鲜共伐山桃树,有血流,惊而止。"树被砍流血,其实也就是树干流出的红色汁液,古代也把它当做是怪。此外,最重要的树成怪的形式即化成人,《酉阳杂俎》中便记载了一则有关树怪的故事:

> 临湍寺僧智通常持《法华经》,入禅宴坐,必求寒林净境,殆非人迹所至处。经年,忽夜有人环其院呼智通。至晓,声方息。历三夜,声侵户,智通不耐,因应曰:"呼我何事?可入来言也。"有物长六尺余,皂衣青面,张目巨吻。见僧,初亦合手,智通熟视良久,谓曰:"尔寒乎?就此向火。"物乃就坐,智通但念经。至五更,物为火所醉,因闭目开口,据炉而鼾。智通观之,乃以香匙举灰火,置其口中。物

> 大呼起,至门若蹶声。其寺背山,智通及明视蹶处,得木皮一片。登山寻之数里,见大青桐树梢已老矣,其下凹根若新缺,僧以木皮附之,合无缝隙。其半,有薪者创成一蹬,深六七寸余,盖魅之口。灰火满其中,久犹荧荧。智通焚之,其怪遂绝。

这里讲的是寺庙里的僧人和变成怪物的树之间发生的故事,而故事里的青桐幻化成人,也没做出什么恶事,只是吓唬吓唬人而已。在各类树种中,槐树有其特别的灵性,"人们相信槐树为虚星之精,昼合夜开,槐有魂归之义,故其字从鬼"[1]。因此,槐树在古代小说中经常被赋予很高的地位而上升为神,来看《原化记》中的记述:

> 京洛间,有士人子弟失其姓名。素善雕镂。因行他邑山路,见一大槐树荫蔽数亩,其根旁瘤瘿如数斗瓮者四焉,思欲取之。人力且少,又无斧锯之

---

[1] 萧放等著:《中国民俗史》(明清卷),钟敬文主编,萧放副主编,人民出版社,2008年版,第366页。

属,约回日采取之。恐为人先采,乃于衣簦中,取纸数张,割为钱,系之于树瘤上。意者欲为神树,不敢采伐也。既舍去,数月而还。大率人夫并刀斧,欲伐之,至此树侧,乃见画图影,旁挂纸钱实繁,复有以香醮奠之处。士人笑曰:"村人无知信此,可惑也。"乃命斧伐之次,忽见紫衣神在旁,容色屹然,叱仆曰:"无伐此木。"士人进曰:"吾昔行次,见槐瘤,欲取之。以无斧锯,恐人采之,故权以纸钱占护耳。本无神也,君何止遏?"神曰:"始者君权以纸钱系树之后,咸曰神树,能致祸福,相与祈祀。冥司遂以某职受享酹。今有神也,何言无之?若必欲伐之,祸甚至矣。"士人不听。神曰:"君取此何用?"客曰:"要雕刻为器耳。"神曰:"若尔,可以善价赎之乎。"客曰:"可。"神曰:"所须几何?"士人曰:"可遗百千。"神曰:"今奉百绢。于前五里有坏坟,绢在其中。如不得者,即复此相见。"士人遂至坏坟中,果得绢,一无欠焉。

神树崇拜是中国民间一种很普遍的信仰现象,人们对于那些"生长在村头、道旁、古宅、庭院、寺观等处的老树,因其年代久远、古拙奇异而往往怀有敬畏和崇奉的心理,将其视作神树,当作祭拜的对象"。①

花儿幻化出现较晚,但形象鲜明,一般是穿着鲜丽、相貌娇媚的女子,因而多被称为"精"。比如唐代段成式《酉阳杂俎·支诺皋下》中记载的花儿幻化成为人的精怪:

> 唐天宝中,处士崔玄微洛东有宅。耽道,饵术及茯苓三十载。因药尽,领僮仆辈入嵩山采芝,一年方回。宅中无人,蒿莱满院。时春季夜间,风清月朗,不睡。独处一院,家人无故辄不到。三更后,有一青衣云:"君在院中也,今欲与一两女伴过,至上东门表姨处,暂借此歇,可乎?"玄微许之。须臾,乃有十余人,青衣引入。有绿裳者前曰:"某姓杨

---

① 王永平:《论唐代民间信仰中的植物崇拜》,载《唐史论丛(第八辑)》,2006年版,第246页。

氏。"指一人,曰:"李氏。"又一人,曰:"陶氏。"又指一绯小女,曰:"姓石,名阿措。"各有侍女辈。玄微相见毕,乃坐于月下,问行出之由。对曰:"欲到封十八姨。数日云欲来相看,不得,今夕众往看之。"坐未定,门外报封家姨来也。坐皆惊喜出迎。杨氏云:"主人甚贤,只此从容不恶,诸亦未胜于此也。"玄微又出见封氏。言词冷冷,有林下风气。遂揖入坐。色皆殊绝,满座芬香,馥馥袭人。诸人命酒各歌以送之。玄微志其二焉。有红裳人与白衣送酒,歌曰:"皎洁玉颜胜白雪,况乃当年对芳月。沉吟不敢怨春风,自叹容华暗消歇。"又白衣人送酒,歌曰:"绛衣披拂露盈盈,淡染胭脂一朵轻。自恨红颜留不住,莫怨春风道薄情。"至十八姨持盏,性颇轻佻,翻酒污阿措衣。阿措作色曰:"诸人即奉求,人不奉畏耳。"拂衣而起。十八姨曰:"小女弄酒。"皆起。至门外别。十八姨南去。诸人西入苑中而别。玄微亦不知异。明夜又来云:"欲往十八姨处。"阿措怒曰:"何用更去封姨舍,有事只求处士,不知可乎?"阿措又言曰:"诸侣皆住苑中,每岁多被恶风所挠,居止不安,常求十八姨相庇。昨阿措不能依回,应难取力。处士倘不阻见庇,亦有微报耳。"玄微曰:"某有何力,得及诸女?"阿措曰:"但处士每岁岁日,与作一朱幡,上图日月五星之文,于苑东立之,则免难矣。今岁已过,但请至此月二十一日,平旦微有东风,即立之。庶夫免患也。"玄微许之。乃齐声谢曰:"不敢忘德。"拜而去。玄微于月中随而送之。逾苑墙,乃入苑中,各失所在。依其言,至此日立幡。是日东风振地,自洛南折树飞沙,而苑中繁花不动。玄微乃悟。诸女曰姓杨、李、陶,及衣服颜色之异,皆众花之精也。绯衣名阿措,即安石榴也。封十八姨,乃风神也。后数夜,杨氏辈复至愧谢。各裹桃李花数斗,劝崔生服之,可延年却老。愿长如此住卫护某等,亦可致长生。至元和初,玄微犹在,可称年三十许人。又尊贤坊田弘正宅,中门外

> 有紫牡丹成树,发花千余朵。花盛时,每月夜,有小人五六,长尺余,游于花上。如此七八年。人将掩之,辄失所在。

文中杨花、李花、桃花、石榴花分别幻化成为衣着鲜艳、能歌善舞的美丽女子,并时时散发袭人的芳香,可谓怪的范畴中较为赏心悦目的一类。

植物原形中还有较为引人瞩目的一种类型,即药材,尤其是一些生长在人迹罕至的地方、本身形状奇异且具有特殊药用价值的植物,比如人参、黄精、茯苓、灵芝等。其中尤以人参为重,比如《宣室志·赵生》这则故事:

> 天宝中,有赵生者,其先以文学显。兄弟四人,俱以进士、明经入仕。独生性鲁钝,虽读书,然不能分句详义。由是年壮尚不得为郡贡。常与兄弟友生会宴,盈座朱绿相接,独生白衣,甚为不乐。及酒酣,或嘲之,生益惭且怒。后一日,弃其家遁去,隐晋阳山,葺茅为舍。生有书百余编,笈而至山中,昼

习夜思,虽寒暑切肌,食粟袭纻,不惮劳苦。而生蒙庸,力愈勤而功愈小。生息孳如卒,不易其志。厥后旬余,有翁衣褐来造之,因谓生曰:"吾子居深山中,读古人书,岂有志于禄仕乎?虽然,学愈久而卒不能分句详议,何蔽滞之甚邪!"生谢曰:"仆不敏,自度老且无用,故居深山,读书自悦。虽不能达其精微,然必欲终于志业,不辱先人。又何及于禄仕也?"翁曰:"吾子志趣甚坚。老夫虽无所能诚有补于君耶,幸一访我耳。"因征其所止。翁曰:"吾段氏子,家于山西大木之下。"言竟,忽亡所见。生怪之,以为妖。遂径往山西寻其迹,果有椴树蕃茂。生曰:"岂非段氏子乎?"因持锸发其下,得人参长尺余,甚肖所遇翁之形。生曰:"吾闻人参能为怪者,可愈疾。"遂瀹而食之。自是醒然明悟,目所览书,自能穷奥。后岁余,以明经及第。历官数任而卒。

这里的人参幻化成为一老翁,恢复原形后被吃掉,对人有益。还有一些故事里人参可以变化成为小孩和姑娘,虽题

材、形象不同,但是人参能幻化成怪的概念却是一致的,比如"人参娃娃"的故事:

> 在一个大山沟里,住着这么一家子,老妈妈和她的儿子儿媳。老妈妈二十一岁就守寡,领着儿子过着累日子,等到儿子娶了媳妇,日子还是没有翻身,一家人虽穷可总和和气气的。
>
> 有一天,婆媳俩在山洞边挖了一口井。不出几天,三里五里的邻里不管谁碰到老妈妈家都说:"你们家那井怎么一到晚间就有亮光,不是有鬼呀?"
>
> 老妈妈每次打水回来,都说她见到了一个漂亮的胖娃娃在井里玩,儿子儿媳妇说死也不相信,他们每次打水怎么都没看见呢?
>
> 这天晚上,老妈妈打水回来,又说她在井里看见漂亮的娃娃了,儿媳妇还是说:"妈妈,是不是您老想孙子想疯了?"老妈妈有些生气:"我还能糊弄你们,不信,天傍亮咱娘俩去看看。"第二天,天傍亮,老妈妈叫醒儿媳妇,拿着炭火领着儿媳妇走出

房门。快到井边时儿媳妇说:"妈妈,你把炭火递给我,你先走。"老妈妈把炭火递给儿媳妇,先走到井沿儿,儿媳妇随后也来到了井沿儿,儿媳妇这一下子可真正看见了一位漂亮的娃娃在井中跳舞。胖娃娃见来人,一眨眼就没影了。晚上,老妈妈闭着眼睛躺在炕上合计道:"我怎么能把胖娃娃抓住呢?我何不做个花放在井里,用蚕丝线拴上,或许,她还能拿着玩呢。"老妈妈做完花,把蚕丝线绑在花根上,趁娃娃没出来时,把花放在了井中央,边走边放着蚕丝线,走回了家。

当天晚上,老妈妈做梦梦见有个娃娃对她说:"我看你心善,你们一家又很和气,井里都是你们的财宝,你们来挖吧。"老妈妈醒来不见娃娃,一看手里的线也松了,她急忙跑到井边,一看,花又在井上了。老妈妈伸手拿起来一看:是一根大山棒槌,又急忙叫来儿子儿媳妇。老妈妈说:"我做的梦说井里都是财宝,让咱挖,你们往下挖一挖看看。"儿子儿媳妇边舀水边挖,果真井里都是金银。

这样,和睦的一家人从此过上了幸福生活。

(《中国民间文学集成辽宁卷·桓仁资料本》)

除此之外,首乌也是常常被写进民间故事的主要药材,来看《中国民间故事珍藏系列·怪话》中的《首乌王》这则故事:

很早以前,在龙王山下有个采药老人,名叫刘义。有一天上山采药,突然发现在一片平展展的地方,长着一棵很大的首乌。刘义心里好像忽拉点亮一盏灯,想起老辈人曾经讲过,在这山里头有个生长千年的首乌王,莫非这就是?他立即两眼一眨也不眨地死死盯住,心里说:管你是不是王,先撒泡尿圈住再说,随后他操起镢头就要挖。

就在这时,只见首乌的枝叶晃了三晃,立即变成了一个长胡子的胖娃娃,他笑眯眯地站在刘义面前。刘义一见,真像做梦一般,又惊又喜:哎呀,果真是首乌王!没等刘义说话,首乌王便向他躬身施礼道:"老人家,我已经修炼千年,实在不容易,您就手下留情,把我放了吧!"刘义本来心地善良,又眼见首乌王变成个活灵灵的娃娃向他求情,咋忍心断送它的性命拿去换钱呢!刘义赶紧弯下腰,轻轻地拍拍首乌王的肩膀说:"好,你走吧!"首乌王为难地说:"老人家,你把我圈住了,我走不出去呀!"采药老人本来就为用尿圈住首乌王感到有点害臊,又听它说走不出去了,心里很不是滋味,越想越难受,不由得落下眼泪来。泪水落在首乌王的身上,首乌王顿时高兴地说:"好啦,你老人家的泪水一洒,把尿给解了,这回我就能出去了。"刘义一听,忙催促首乌王快走。首乌王遇到了刘义这样心地善良的人,自然要报答一下。只见它把手往空中一伸,立即出来一个首乌。它把首乌递给刘义,嘱咐道:"老人家,请收下吧!千万不要卖掉,你自己炖炖吃了吧!以后遇到难处,您就还到这里来,连叫三声'首乌王,首乌王,有事快来帮帮忙',到时我自然会来的。"说罢,又向刘义深施一礼,这才飘然而去。

飞禽走兽作怪

这类怪物通常是以各类动物为原形幻化而成,一般有从野兽幻化而成的,如虎、豹、狼、猿、狐等;有从飞禽幻化而成的,如燕、鹄、鹊、鹤、鸦等;有从水族幻化而成的,如鱼、龟、獭、蛟、虾等;有从家畜家禽幻化而成的,如马、牛、羊、猪、狗、鸡、鸭等;还有从昆虫幻化而成的,如蚂蚁、蚯蚓、蜈蚣、蜘蛛、蝼蛄等。先来看《里乘·海州四怪》里面描述的四种怪物:

> 海州四怪,一鲤,一蜘蛛,一蜈蚣,一蚂蚁也。鲤长丈有半,竟体鳞甲灿然,《本草》所谓穿山甲者是也。蜈蚣亦长丈许,有翅能飞,尝天晴风静,飞戾半空,夭矫自如,人多误为纸鸢。蚂蚁大若栲栳,臀坚似铁,五兵不能入。四者之中蜘蛛尤为灵异,其

大如箕,丝粗如小儿臂,好与龙斗,吐丝缚龙,胶不可解,必火龙来焚其丝乃已。滨海人常于山野拾得断丝,尺许之丝,两健儿持两端极力扯之,长可盈丈,利刃不能断,人恒宝之。四怪常幻人形,出游市廛,不为人祸。蜘蛛出时尤多,每出则化形老者,白髯垂胸,道气盎然,最喜与小儿戏。出时,小儿多依其前后左右,老者出钱市梨枣饼饵之属分啖群儿,人多识之,呼为朱道人;遇久旱,为人求雨辄应,地方颇受其福。顾四物同出,雷恒欲击之,往往片刻间雨雹骤至,雷电交作,四物即遁,则鳢居前,以头钻山,山洞如腐,鳢即入洞,蜘蛛衔尾继进,蜈蚣又次之,蚂蚁殿后,以臀堵洞口。丰隆左执锥,右秉钺,目灼灼观望,竟不能施其一击之威;徘徊刻许,天晴雨霁,四物亦不知何往矣。人以蚂蚁臀肉之坚,皆称为"铁屁股蚂蚁"云。

当然,在众多的动物怪之中,也有比较典型的形象。首先来说狐狸,《山海经·南山经》中有关于九尾狐的记载:"又东三百里,曰青丘之山,其阳多玉,其阴多青䨳。有兽焉,其状如狐而九尾,其音如婴儿,能食人,食者不蛊。"[1]可见,狐狸在很早的时候便被看作是具有灵性的怪物之类:

> 有孙天球者,以财为命,徒手积累至千金,虽妻子冻饿,视如陌路,亦自忍冻饿,不轻用一钱。病革时,陈所积于枕前,一一手自抚摩,曰:"尔竟非我有乎?"呜咽而殁。孙未殁以前,为狐所嬲,每摄其财货去,使窘急欲死,乃于他所复得之,如是者不一。又有刘某者,亦以财为命,亦为狐所嬲。一岁除夕,凡刘亲友之贫者,悉馈数金。讶不类其平日所为。旋闻刘床前私箧,为狐盗去二百余金,而得谢柬数十纸。盖孙财乃辛苦所得,狐怪其怪啬,特戏之而已。刘财多由机巧剥削而来,故狐竟散之,其处置亦颇得宜也。
>
> 《阅微草堂笔记·滦阳消夏录五》

---

[1] 袁珂校注:《山海经校注》,上海古籍出版社,1980年版,第6页。

《太平广记》中也有《狐神》条云:"唐初以来,百姓多事狐神,房中祭祀以乞恩,食饮与人同之,事者非一主,当时有谚曰:'无狐魅,不成村。'"①"魅"字,《说文》释为"老精物也"②,"狐魅"通常被称作"狐狸精"。古人把狐狸精视为性情淫荡、以美貌迷惑人的精灵鬼怪:"狐五十岁,能变化为妇人。百岁为美女,为神巫,或为丈夫与女人交接,能知千里外事,善蛊魅,使人迷惑失智。"③

先来看一则关于九尾狐的民间故事:

> 传说,在很早很早的时候,障日山是飞禽走兽的乐园,有个修炼成仙的九尾狐,做它们的头儿。自从山下出了几家猎户,障日山上就不安宁了,飞鸟不敢唱歌,走兽不再戏耍,死的死,逃的逃,好不

---

① 张鹜:《朝野佥载》,载《太平广记》,李昉等编,中华书局,1961年版,第3658页。
② 许慎:《说文解字》,中华书局,1963年版,第188页。
③ 郭璞:《玄中记》,载《太平广记》,李昉等编,中华书局,1961年版,第3652页。

凄惨。

起初,九尾狐为了搭救它的伙伴们,总是躲在暗处出个警报,可有些小家伙贪玩儿,还是被猎户们收拾了。后来,九尾狐干脆变个拾草的村姑,猎手们走到哪里,她就跟到哪里,猎手们瞄准什么,她就像赶小鸡似的"起一号,起一号"地喊叫,因而尽让猎手们扫兴,为此,为首的猎户常发誓说:"打不死障日山的九尾狐,算俺常仁孬种!"

九尾狐在山上住久了,闷得慌,时常变作一个白胡子老汉,到瓦店集上喝酒看牌,别看喝酒光喝醉,看牌可没输一回儿,赢了钱它又不要,只图个欢乐痛快,集上碰见常仁卖山货,总要说他几句:"少去山上转悠。"每当遇上那个讨厌的老汉,常仁的山货不是卖不了,就是卖低价,为此,常仁窝了一肚子气,就是没找着地方出。

这年腊月二十三,正逢瓦市大集,那白胡子老汉笑嘻嘻地进了一家酒铺,被常仁瞅上了。常仁见那老汉喝得起劲,就暗中送给店主一串钱,嘱咐一定要把他灌醉,自己躲在一边瞧火候。这一天,冷得猫咬似的,老汉贪杯,不一会儿就沾酒了,店主一个劲地劝酒,又免费送上几碗,老汉推辞不脱,不喝不喝又进去三碗,等到起身告辞时,已经摇摇晃晃走路费劲儿了。

老汉走出集来,哼着当地的九姑子戏,顺着弯弯的小路往回走。常仁呢?在背后不远不近,紧走紧跟,慢走慢跟,一直尾随到障日山下。这时,老汉爬上一个陡坡,不料酒性发作,一骨碌滚进一个土坑里,心里话:"哟,又利索又避风,正好……"老汉迷迷糊糊说着,倒头就打起呼噜来。

常仁赶到山脚下,不见了老汉,正要发急,忽然看见九尾狐睡在旁边的土坑里,心里话:娘的,真是冤家路窄,顺手往枪管装药。

那九尾狐果然机警,轻轻一点窸窣声,便一骨碌爬起来,就在睁开眼皮的一刹那,常仁的枪口就顶住了它的脑灵盖儿。

"大哥饶命!"九尾狐哀告着。

"休想!"常仁两眼冒着火星儿。

"大哥呀,若是饶了我的一条命,我保你五谷丰登,长命百岁!"

"不行!"

"大哥呀,若是饶了我的一条命,我保你人丁兴旺,财源茂盛!"

"不行!"

"大哥哟,若是要了我的这张皮,顶多值四吊……"

"嗵"的一枪,九尾狐话没说完就被打死了。

转过年来是正月,常仁猛吃猛喝十多天,这一天没钱花了,忽然想起那张狐狸皮。他把它卷了卷,挑在枪筒上,去找铺子,到了瓦店集上,把皮递过去,皮货商握在手里翻来覆去摸不够,连称:"好皮!"不过又说老了点儿,暖性差,常仁一把夺过来,说:"你真不识货,痛快点,给多少吧?"

皮货商使了使劲伸出四个指头:"四吊!"

常仁把眼一瞪,挑起那张皮,头也不回走了。他憋着一肚子气来到朱解铺子上,先递上烟荷包,后递过皮去。皮货商托着皮,眼睛一亮,舍不得放下,他对着案板量了量,说道:"不瞒大哥,顶行市,四吊!"

常仁一把抄起那张皮,说道:"掌柜,留着你那四吊钱吧,俺不卖!"说完就退出铺子。

从朱解出来往西,是通县城的路,路上,常仁念念地想:乡下铺子就知道赚钱,我到城里卖卖试试。他进了城里铺子高声嚷着:"掌柜的,这是三九猎的上等货,您看这板子、毛眼!"

皮货商接过皮去,边摸摸,边敲敲,然后把常仁拽到一边去,贴着耳根说:"给你个大价!"说着,把四个指头插在常仁手心里,常仁傻眼了,鼓了半天说:"再加加!"皮货商摇头,常仁狠了狠心,说:"四吊就四吊!"接过铜钱,数都没数,揣进怀里进了馆子。

下午喂牛的时候,常仁东倒西歪地爬上障日山后尾,坐下来,想咂上一袋烟醒酒,迷糊中,忽然看见先前那个土坑里,又有两只小狐狸。这时,窝囊气又上来了,他把烟锅一扔,装上铁砂就"嗵"的一枪,这一枪不打紧,两个孩子哇地哭了。

常仁跑过来一看,正是自己的一男一女,旁边还放着两只草篮,看到两个孩子血流满面哭爹叫娘,常仁长叹一声,挽着两个孩子回家了。

回到家里,常仁把火药、铁砂倒进东大河里,把猎枪砸巴砸巴,投进铁匠炉里,从此安安生生务农,再不打猎了。

(《中国精怪故事》)

故事中的这个九尾狐能幻化成村姑,也能幻化成为一个白胡子老头,经常到人间戏耍玩乐,最终还是死于猎户的枪下。不过狐怪终究是狐怪。九尾狐即使成了一张狐皮,之后

也应验了它生时的话,还报了仇。再来看一则关于狐狸为怪的故事:

> 宋咸淳乙丑,温州季公喜投充胡家仆。一日胡令往宏山庵干事,路逢女子,妖娆顾盼,动心,虽为所惑。夜宿门房,女子忽然在前,相得甚欢,是夜同寝。自后暮来朝往,殆无虚日,不悟为妖。一日归卧房,则妇已在彼,携鸡肉以俏,仍取首饰钗梳花朵之类,用紫帕包裹留置床头。公喜形体黄瘦,不知为妖魅所惑,且自夸谓有奇遇。胡家怪而诘问所以,公喜不能隐,出示手帕、包袱、首饰等物,人皆见其为紫色茄柯包野菊花枯枝败叶之属,独公喜珍之。遂投请法官行持救治,追摄祟妇,乃知一狐精为怪,断治后无事。

(《湖海新闻夷坚续志》)

这个故事记载的狐狸作怪虽形象简单,但非常明显地体现了狐狸迷惑人的传统观念。在很多古代小说中,狐狸也以美好的形象出现,这个趋势或始于沈既济的《任氏传》,而兴盛于蒲松龄之《聊斋志异》,这些文中的狐狸精怪皆是文人笔下对于人性的理想描画。

蛇是中国古代小说中又一影响颇大的精怪形象。《山海经·北山经》中有记:"北二百八十里,曰大咸之山,无草木,其下多玉。是山也,四方,不可以上。有蛇名曰长蛇,其毛如彘豪,其音如鼓柝。"①

关于中国蛇怪的故事,日本典籍中也有相关记载,《中国妖怪事典》便记有"蛇怪"一条,并认其是一种长着蝙蝠形翅膀的蛇形妖怪,主要栖息于水中,一旦发出尖锐的叫声便会洪水泛滥。

再来看《博异志》中所记的较为出名的一篇关于大蛇修炼成精并作怪的故事《李黄》:

> 元和二年,陇西李黄,盐铁使逊之犹子也。因调选次,乘暇于长安东市,瞥见一犊车,侍婢数人于

---

① 袁珂校注:《山海经校注》,上海古籍出版社,1980年版,第75页。

车中货易。李潜目车中，因见白衣之姝，绰约有绝代之色。李子求问，侍者曰："娘子孀居，袁氏之女，前事李家，今身依李之服。方除服，所以市此耳。"又询可能再从人乎，乃笑曰："不知。"李子乃出与钱帛，货诸锦绣，婢辈遂传言云："且贷钱买之，请随到庄严寺左侧宅中，相还不负。"李子悦。时已晚，遂逐犊车而行。碍夜方至所止，犊车入中门，白衣姝一人下车，侍者以帷拥之而入。李下马，俄见一使者将榻而出，云："且坐。"坐毕，侍者云："今夜郎君岂暇领钱乎？不然，此有主人否？且归主人，明晨不晚也。"李子曰："乃今无交钱之志，然此亦无主人，何见隔之甚也？"侍者入，复出曰："若无主人，此岂不可，但勿以疏漏为诮也。"俄而侍者云："屈郎君。"李子整衣而入，见青服老女郎立于庭，相见曰："白衣之姨也。"中庭坐，少顷，白衣方出，素裙聚然，凝质皎若，辞气闲雅，神仙不殊。略序款曲，翻然却入。姨坐谢曰："垂情与货诸彩色，比日来市者，皆不如之。然所假如何？深忧愧。"李子曰："彩帛粗缪，不足以奉佳人服饰，何敢指价乎？"答曰："渠浅陋，不足侍君子巾栉。然贫居有三十千债负，郎君倘不弃，则愿侍左右矣。"李子悦。拜于侍侧，俯而图之。李子有货易所，先在近，遂命所使取钱三十千。须臾而至。堂西间门，豁然而开。饭食毕备，皆在西间。姨遂延李子入坐，转盼炫焕。女郎旋至，命坐，拜姨而坐，六七人具饭。食毕，命酒欢饮。一住三日，饮乐无所不至。第四日，姨云："李郎君且归，恐尚书怪退，后往来亦何难也？"李亦有归志，承命拜辞而出。上马，仆人觉李子有腥臊气异常。遂归宅，问何处许日不见，以他语对。遂觉身重头旋，命被而寝。先是婚郑氏女，在侧云："足下调官已成，昨日过官，觅公不得，某二兄替过官，已了。"李答以愧佩之辞。俄而郑兄至，责以所住行。李已渐觉恍惚，只对失次，谓妻曰："吾不起矣。"口虽语，但觉被底身渐消尽，揭被而视，空注水而已，唯有头存。家大惊愕,呼从出之仆考之,具言其事。及去寻旧宅所,乃空园。有一皂荚树,树上有十五千,树下有十五千,余了无所见。问彼处人云:"往往有巨白蛇在树下,便无别物,姓袁者,盖以空园为姓耳。"

复一说,元和中,凤翔节度李听,从子琯,任金吾参军。自永宁里出游,及安化门外,乃遇一车子,通以银装,颇极鲜丽。驾以白牛,从二女奴,皆乘白马,衣服皆素,而姿容婉媚。琯贵家子,不知检束,即随之。将暮焉,二女奴曰:"郎君贵人,所见莫非丽质,某皆贱质,又粗陋,不敢当公子厚意。然车中幸有姝丽,诚可留意也。"琯遂求女奴,乃驰马傍车,笑而回曰:"郎君但随行,勿舍去。某适已言矣。"琯既随之,闻其异香盈路。日暮,及奉诚园,二女奴曰:"娘子住此之东,今先去矣。郎君且此回翔,某即出奉迎耳。"车子既入,琯乃驻马于路侧。良久,见一婢出门招手。琯乃下马。入座于厅中,但闻名香入鼻,似非人世所有。琯遂令人马入安邑里寄宿。黄昏后,方见一女子,素衣,年十六七,姿艳若神仙。琯自喜之心,所不能谕。及出,已见人马在门外。遂别而归。才及家,便觉脑疼,斯须益甚,至辰巳间,脑裂而卒。其家询问奴仆,昨夜所历之处,从者具述其事,云:"郎君颇闻异香,某辈所闻,但蛇臊不可近。"举家冤骇,速命仆人,于昨夜所止之处复验之,但见枯槐树中,有大蛇蟠屈之迹。乃伐其树,发掘,已失大蛇,但有小蛇数条,尽白,皆杀之而归。

这里讲的是女蛇魅人、害人的故事,其与宋元时期的话本《西湖三塔记》被看作是中国民间传说中广为流传的"白蛇传"的故事雏形。

动物能够幻化成怪,应该比自然物、人造物和植物要相对简单和容易些,因为毕竟已经是具备生命性征的物体,对于原有的自然属性和能力的超越和提升更加顺利些。

当然,也有一些怪物是无法确定其原形和来历的,比如下面两则故事:

第二篇　庞杂怪族

癸酉秋七月夜,暴风雷雨,运河中估舟、盐船数十艘,同时沉没。先是,天方阴晦,众舟泊岸,各以苇席遮藏,舟人均避入舱中。一舟席为风揭,有榜人出,将覆席,仰见对面波浪高如山岳,有蓝衣妇人立水上,以衣襟兜物三四枚,状如茄,其色深紫,电光中纤微悉见。榜人惊骇倒毙,风狂雨骤,遂均遇难。时邻县有善士,以舟船拯溺尸骸,见榜人尸顺流而下,救起抚之,体尚温,半日而苏,其自言所见如此。盖因一时气闭,水未入腹,是以得活。视河中浮尸败板,飘泊不绝,不觉大痛。计离覆舟处,已隔百余里。善士助以资斧,得还里焉。或云妇人乃鱼精,语不足据,第矗立渡上,其为精怪无疑矣。又邑人某客河南,舟行黄河,见岸上立多人,共相指视。细瞻天际,乌云一段,下垂两脚,有妇人持伞立云端,露其半身,向东飞驶。身后雷电龙火,追逐甚急。将及,妇辄反身格以伞,龙雷即退避。相持数刻,俱不见。天晴雨霁,并无片云。时方卓午,或云是飞天夜叉。然夜叉偶尔遇之,未有显在云中为众目所共睹者,不知是何怪物。

(《醉茶志怪·怪雨》)

某甲晨起,见一物状如人,一身两首,自项而分,卧于阶下,鼻声齁然。甲大惊而呼,家众毕集,以杖击之。物惊觉而起。视其两首,耳目口鼻并与人同,但一面衰老,一面夭少,老者惨怛,少者欢愉。众咸骇异。物两口并言曰:"我不足异。落瓠山有馗馗者乃异耳,我当迎以来。"言罢,自檐间跃去。

半晌,偕一物至,立于阶前,人身而九面环肩而生,大如拳,状亦不一。有嘻笑者,有哭泣者,有喜者,有怒者,有愁者,有闭目睡者,有倾耳听者,有言语者,有静默若凝思者。既见人,亦不惊避。亦不近身。而两首者立其旁,伺之甚恭,若厮役然。九面者谓众人曰:"我不足异,何不请吾颡颡来?"于是俱去。

众方嗟讶间,见前二物导一物自门而入。其首乃多至无数,丛生侧出若花瓣。或仰或俯,或侧或敬,悉大如桃核,妍媸杂见,奇正互出。语言嘈杂不能辨,少顷,变形异相,则众人之貌悉具,无异纤毫。众相顾各错愕,喧传一里。

忽廊下有双足自地伸出,须臾及手,又须臾及肩,跃然立起,首大于瓮,并无七孔。于是三物见之惊走,此物逐之,疾于隼鸟,顷刻失所往。竟不知为何怪。

(《耳食录·廊下物》)

前者标题虽为"怪雨",但并非雨怪(或曰雨神),其形象是在狂风暴雨中的一名蓝衣女怪,有人认为是鱼精,也有人认为是飞天夜叉,但最终也没有办法确定到底是由什么幻化而来;后者标题为"廊下物",其实最后写的也是一个脑袋比瓮大,没有七孔的怪物,也无法确切地搞清楚怪物的原形。

从自然物到人造物,从植物到动物,从静态到动态,从天然到人工,从无生命到有生命,几乎所有物体都可以被纳入成怪的行列中,形成一个成分多元、结构复杂、种类繁多、特征明显的庞大族群。

双重"怪"异性

虽然怪的族群相当庞大和芜杂,但是作为一个整体,它也表现出一定的特征。由于怪的生成是在原形的基础之上逐渐向幻形的转变过程,因此怪多是原形与幻形的统一体,具有双重的特性。

◎ 原初幻形性

怪是在原形的基础上幻化而生,因此总会带有来自原形的某些特点,就像狐狸总是拖着一条甩不掉的尾巴一样,从而成为其身上永远无法抹去的痕迹。

首先,来自原形的特性可能会在怪物的外表上表现出来。前面所提到的因为形状相似而幻化成怪物的塑像、画像类自不必言。

除此之外,即使是幻形与原形形象差别很大,也总会有

蛛丝马迹透露其身份。来看《宣室志·河东街吏》这个故事:

> 开成中,河东郡有吏,常中夜巡惊街路。一夕,天晴月朗,乃至景福寺前,见一人挽而坐交,交臂拥膝,身尽黑,居然不动。吏惧,因叱之,其人挽而不顾。叱且久,即扑其首。忽举视,其面貌极异,长数尺,色白而瘦,状甚可惧。吏初惊仆于地,久之,稍能起,因视之,已亡见矣。吏由是惧益甚,即驰归,具语于人。其后因重构景福寺门,发地,得一漆桶,凡深数尺,上有白泥合其首,果街吏所见。

这个漆桶幻化为人形后,不仅改变不了自己通身墨黑的样子,甚至连头上的白泥也摆脱不了,一下子就被人识破了。当然,类似的怪物还有很多:酒瓮怪则"身才三尺,腰阔数围"[①];齿落而双眼存的石砻怪也是"头如斛大,无肢体手足,

---

① 李隐:《潇湘录·姜修》,载《太平广记》,李昉等编,中华书局,1961年版,第2942页。

双眸睥睨,睛光闪烁"①;白瓷礅幻化成的怪是"白衣人长丈余蹑后,以手掩人目,其冷如冰"②;等等。

其次,这种痕迹还会表现在怪物的行为举止上。比如《夷坚志·乐桥妖》中记载一个"红繻奕然,大声如疾雷"③的怪物,最终被发现是一个系着红绸带的铜铃幻化而成的,难怪会声如疾雷了。最有意思的还是《潇湘录》中的这个酒瓮怪:

> 姜修者,并州酒家也。性不拘检,嗜酒,少有醒时,常喜与人对饮。并州人皆惧其淫于酒,或挥命,多避之,故修罕有交友。忽有一客,皂衣乌帽,身才三尺,腰阔数围,造修求酒。修饮之甚喜,乃与促席酌。客笑而言曰:"我平生好酒,然每恨腹内酒不常满。若腹满,则既安且乐;若其不满,我则甚无谓

---

① 洪迈:《夷坚志·刘十二》,中华书局,1982年版,第740页。
② 袁枚:《子不语·礅怪》,岳麓书社,1985年版,第419页。
③ 洪迈:《夷坚志·乐桥妖》,中华书局,1982年版,第452页。

矣。君能容我久托迹乎。我尝慕君高义,幸吾人有以待之。"修曰:"子能与我同好,真吾徒也,当无间耳。"遂相与席地饮酒。客饮近三石,不醉。修甚讶之,又且意其异人。起拜之,以问其乡间姓氏焉,复问何道能多饮邪。客曰:"吾姓成,名德器,其先多止郊野,偶造化之垂恩,使我效用于时耳。我今既老,复自得道,能饮酒。若满腹,可五石也,满则稍安。"修闻此语,复命酒饮之,俄至五石,客方酣醉,狂歌狂舞,自叹曰:"乐哉乐哉。"遂仆于地。修认极醉,令家僮扶于室内。至室客忽跃起,惊走而出。家人遂因逐之,见客误抵一石,刮然有声,寻不见。至晓睹之,乃一多年酒瓮,已破矣。

酒瓮能装酒,幻化成的怪自然能喝酒,但酒瓮毕竟是有一定容量的,所以这个酒瓮怪喝到一定程度上,便也醉极,复归原形撞上石头也只落得一地碎片。日本漫画家水木茂所著的《中国妖怪事典》中也记载了这则故事:

京修经营一家酒馆,身为老板的他,本身非常喜欢喝酒,一旦开始喝酒便把生意抛在脑后,一早就喝得酩酊大醉。

某天,一位陌生的客人走进店里,这个人身穿黑色丝绸的衣服,头戴黑帽,身长约三尺多,有些奇怪。这位客人站在京修面前,要了酒后,便对他说道:"我天生爱喝酒,但至今还没喝饱过,如果能尽情畅饮,不知有多爽快啊!我听说你的事以后,不远千里来到这里,怎么样,我们来喝一杯吧?"

京修闻言高兴不已,立刻招呼客人里面坐,二人就开始喝酒。这个客人一下子就喝了将近三斗的酒,可还一点儿没醉的样子。京修心想此人并非泛泛之辈,想必他大概就是传说中的"酒仙"吧。接着,京修放下酒杯,恭恭敬敬地行礼请教客人贵姓。客人笑着回答说:"敝姓成,名叫德器。唉呀,年纪越大酒量越好,五斗酒应该也不成问题吧!"

京修听后益发心喜,吩咐小二搬来酒。就这

样,二人喝了八斗酒之后,就连酒量奇佳的德器也微露醉意。

"啊!痛快!真痛快!"

德器一边说着,一边踉跄地站起来,踢开大门走了出去。突然,"喀啦"一声,传来东西破碎的声响。京修也摇摇晃晃地走出屋外,但是已不见客人的踪影。天亮后,京修仔细一看,才发现门口的大石旁有一个旧酒瓮碎落一地。

京修明白了,原来那个客人既不是酒仙也不是人,而是化身旧酒瓮的怪物。于是,京修又开始喝起酒来。

这则故事较前篇,多了个"酒仙"的猜想,实则也说明了这个酒瓮怪的无害且有趣。

最后,这种痕迹还会表现在怪物的言谈之中。也就是说,物体虽然为怪,但它们对自己原来的生活依然是记忆犹深的。下面来看《玄怪录·元无有》这个故事:

宝应中,有元无有,常以仲春末独行维扬郊野。值日晚,风雨大至。时兵荒后,人户逃窜,入路旁空庄。须臾霁止,斜月自出,无有憩北轩,忽闻西廊有行人声。未几至堂中,有四人,衣冠皆异,相与谈谐,吟咏甚畅,乃云:"今夕如秋,风月若此,吾党岂不为文,以展平生之事?"其文即曰号联句也。吟咏既朗,无有听之甚悉。其一衣冠长人曰:"齐纨鲁缟如霜雪,寥亮高声为予发。"其二黑衣冠短陋人曰:"嘉宾长夜清会时,辉煌灯烛我能持。"其三故敝黄衣冠人,亦短陋,诗曰:"清泠之泉俟朝汲,桑绠相牵常出入。"其四黑衣冠人,身亦短陋,诗曰:"爨薪贮水常煎熬,充他口腹我为劳。"无有亦不以四人为异,四人亦不虞无有之在堂隍也,递相褒赏,虽阮嗣宗《咏怀》亦不能加耳。四人迟明方归旧所,无有就寻之,堂中惟有故杵、灯台、水桶、破铛,乃知四人即此物所为也。

故事讲的是唐代宝应年间有个人叫元无有,狂风暴雨的时候独自行走在江苏扬州的郊外。当时兵荒马乱,住家人多半逃跑了,于是他进入道旁空旷的村庄里。来到一户人家,元无有坐在窗下,忽然听到西廊有行人的脚步声。不一会,他看见了四个人,衣服帽子都奇异,互相交谈很和谐,吟诗咏诵得很顺畅,于是说:"今晚清风明月这样美,我们怎能不吟一二句诗,用来抒展平生的愿望呢?"于是各自吟诗作对,莫不痛快。元无有虽然也注意到四个人的穿着打扮有些与众不同,但并没有产生任何怀疑。四人回旧所后,元无有再去拜访,这时才发现其并非人类,联系它们所吟的内容,才知道它们是由旧杵、灯台、水桶、破铛幻化而成的怪物。这则故事中怪物所吟之诗既以隐语的形式暗示了其身份,又巧妙地借以抒发盛衰对比的感慨,成为文人抒怀的方式。这便是文学创作手法——谐隐技巧的精妙运用。所谓谐隐乃谐辞与隐言的合称,主要是通过暗示来表明身份,揭示意义。而谐隐作为一门精致、复杂的叙事艺术手法,也常为古代文人应用于小说创作之中,以致形成"谐隐精怪类型小说"。①

◎ 高阶幻形性

所谓幻形,就是最终生成的怪物形象。如前所述,由于幻化成怪是对本身自然物性的超越,因而幻形必然与原形有着较大的差别。就怪而言,由于其幻化是对自身属性的突破,因而,物体为怪总是遵循由低级向高级发展的规律。也就是说,怪物生成的幻形多为更高级的生命形式,这也是物体幻化的真谛所在。因此,原形向幻形转换的过程通常呈现如下规律:非生物向生物转换,生物向更高级的生物转换。也正是从这一意义上讲,动物以及人类便成为最为常见的幻形形式。先来看《宣室志·玉马》中这个以动物为最终幻形

---

① 这一提法为学者李鹏飞所提,他认为所谓精怪小说是指以非人之物变为人的情节作为叙事核心的一类小说,其中包括谐隐精怪类型,乃是由精怪小说吸收了谐隐艺术的种种表现手法而形成的。详见《唐代非写实小说之类型研究》第一章"唐代谐隐精怪类型小说的渊源和流变",北京大学出版社,2004年版,第51—59页。

的例子：

> 宋顺帝昇明中，荆州刺史沈攸之，厩中群马辄踯躅惊嘶，若见他物。攸之令人伺之，见一白驹，以绿绳系腹，直从外来。围者具言其状，攸之使人夜伏枥边候之。俄而见白驹来，忽然复去。视厩门犹闭，计其踪迹，直入阁内。时人见者，咸谓为妆奁间物。沈有爱妾冯月华，臂上一玉马，以绿丝绳穿之，至暮，辄脱置枕边，尝夜有时失去，晓时复还。试取视之，见蹄下有泥。后攸之败，不知所在。

玉马本来是人身上佩戴的一个饰物，大概是与人接触久了，沾了精气，便在夜里幻化成真马，往来自如，畅行无阻。植物幻化而成的怪物也常以动物形象出现，比如前文所提及的树怪，其意义在于对怪物自由活动能力的强调。

此外，几种动物特征同时存在于一个载体上，是中国传统文化中比较常见的一种形象。《山海经·北山经》中就有相关描述："又东北二百里，曰天池之山，其上无草木，多文石。有兽焉,其状如兔而鼠首,以其背飞,其名曰飞鼠。"①

当然,动物和动物之间也可以互相转化,比如《续夷坚志·蛙化鼠》这则故事:

> 燕南安州白羊淀,南北四十里,东西七十里,旧为水所占。近甲午岁忽干涸,淀中所有蛙黾,悉化黑鼠,啮茭草根尽。土脉虚松,不待耕垦,投麦种即成就。其居民不胜举,听客户收获,但取课而已。此地山草根胶固不受耕,其因鼠化得麦,亦异事也。淀有石刻云:"天荒地乱,莫离此淀。有水食鱼,无水食面。"是则前此亦尝得麦乎?

由青蛙变成老鼠,属于生命形式之间的平行转化,但是其意义仍然在于对原形自然属性的突破。当然,物体幻化一般更倾向于向更高级形式转化——人化,即物向人的转变。再来看《中国妖怪事典》中记载的关于鸭怪的故事:

---

① 袁珂校注:《山海经校注》,上海古籍出版社,1980年版,第87页。

这是某男子二十岁左右发生的故事。一天晚上,他正在外面走着,迎面过来一个头颅异常巨大,肩膀高耸又驼背的人。于是,这个男人便开口问道:"你是什么人呀?"

对方竟然回答说:"我是妖怪,你又是什么啊?"

于是,这个男子回答说:"我也是妖怪。"

妖怪听了很高兴,一把抱住这个男子。妖怪的身体冷得像冰一样。但是,妖怪大吃一惊,责难地说:"你身体太温暖了,你不是妖怪。"

接着,这个男子回答说:"我是妖怪中最精力旺盛的一个!"

妖怪接受了他的说法,配合男子的要求使出一些技艺给他看。只见它把头拿下来,一会儿接在屁股上,一会儿放在肚子上,或将其分成两半,抛到空中。然后,再将头装回脖子上。表演完毕后,妖怪反问男子有些什么高招。

这个男子回说:"我肚子饿了,变不出什么玩意来,我们去绍兴镇上找东西去吃吧!"

听到他这么说,妖怪欣然表示赞同。

男子一边走,一边打听妖怪喜欢吃什么东西。

妖怪回答说:"我最喜欢女人的头发,最讨厌男人的鼻涕了。"

途中,又遇到了一个骨瘦如柴的妖怪,也加入了他们的行列。

越靠近镇上,两只妖怪的脚步就越沉重,这个男子便一左一右紧紧地抓着两只妖怪的手臂。尽管他很讨厌妖怪,还是拉着它们往前走。这时,天渐渐亮了,等天亮后仔细一看,男子才发现手里拉着的是两只鸭子。

这个男子为了不让它们再变成妖怪,便将自己的鼻涕擦在鸭子身上,然后带到市场上去卖。最后,还因此赚了三百两。

这两个鸭怪有着不太协调的身体比例,比如硕大的头颅,因此引起了人们的注意。当然最典型的幻形还是不为人

所察觉的人类形象,先来看《醉茶志怪·林某》里面的这个怪物:

> 林携酒一大瓶,乘醉坐村外。夜有物,高八尺许,黑暗莫辨形貌,问林为谁,林曰:"我妖怪也。尔为谁?"物曰:"我亦如君,但肢体未备,不若君酷肖人形耳。所携何物?"林对以酒,且劝之尝。物曰:"予腰不能屈,烦君倾我口内。"林扣其口,大如杯,提壶灌之。物赞曰:"快哉!"颓然而倒。林急斫以斧,其声丁丁。呼人照之,败棺板也,毁之,怪绝。

这个棺板怪虽然肢体未备,还没有成人形,但是能喝酒,可以和人对话,显然已经与人没有太大的区别。再来看《醉茶志怪·白衣妇》里的这块棺材板变成的怪物:

> 杨青驿舟人,夜泊河干。有少妇呼渡,颜貌甚丽,凶服练裙。诘其何往,云:"自母家归。"问:"家何处?"不答。既渡,酬以钱十枚。
>
> 舟子怪而尾之,迤逦数里,至一村寺,推扉遽

> 入。舟子邀村人共搜之,见妇面墙立。近迫之,乃
> 白杨棺板也。火之。

这里记述的虽然也是由一块棺材板幻化而成的怪物,但是其不仅以人的形象出现,而且变成了一个容貌姣好的少妇,渡河付钱,懂得人间的买卖规矩。如果不是因为没有回答自己的住处从而引起了撑船人对她的怀疑,恐怕很难被人识破。

无论是动物还是人,都是物体幻化为怪的表现形式:以动物为幻形,使得怪具有了最基本的生命性征;以人为幻形,则使其向生命的最高形式发展。而自始至终无法改变的是,无论原形、幻形各以什么样的形象出现,怪物始终拥有来自原形和幻形的双重特性。

第三篇　闯人世之怪

在中国古代小说有关怪的故事中,怪的种种行为表现总是与人们的日常生活纠结在一起,它们可以在人世肆虐作祟以致引起人们的恐惧;可以与人交好、相恋乃至结为夫妻;也可以自娱自乐而被人们当做笑柄。怪的所作所为使其形象更加鲜明,也使小说、故事的题材更加丰富。与此同时,人们对于怪也有着与神、魔等不太相同的认识与态度。

怪物幻化都有行为意图可寻,且在不同的故事中,各种不同的怪的行为各异,可谓五花八门。

肆虐作祟

在人们的传统观念中,凡物一旦产生异常现象一定会导致灾祸的到来,而作为异常现象中的"佼佼者",怪自然更是与灾祸有着密不可分的关系:

> 前母安太夫人家有小书室,寝是室者,中夜开目,见壁上恍惚有火光,如燃香状,谛视则无。久而光渐大,闻人声,乃徐徐隐。后数岁,谛视之竟不

隐,乃壁上悬一画猿,光自猿目中出也。佥曰:"此画宝矣。"外祖安公(讳国维,佚其字号。今安氏零落殆尽,无可问矣)曰:"是妖也,何宝之有?为魈弗摧,为蛇奈何?不知后日作何变怪矣?"举火焚之,亦无他异。

(《阅微草堂笔记·槐西杂志二》)

这则故事里,画中猿似还未成怪,但已有异象,故被认作妖。人们将之扼杀于摇篮,以防日后变怪作祟。一般说来,怪的出现就预示着灾难的到来,如《续齐谐记·桓玄》中的鼓槌幻化成小孩儿作《芒笼歌》以预言人的下场:

东晋桓玄时,朱雀门下,忽有两小儿,通身如墨,相和作《芒笼歌》,路边小儿从而和之数十人。歌云:"芒笼茵,绳缚腹,车无轴,倚孤木。"声甚哀楚,听者忘归。日既夕,二小儿还入建康县,至阁下,遂成一双漆鼓槌。鼓吏列云:"槌积久,比恒失之而复得。不意作人也。"明年春而桓玄败,言车无轴,倚孤木,桓字也。荆州送玄首,用败笼茵包裹之,又以芒绳束缚其尸,沉诸江中,悉如童谣所言尔。

怪的这种预言行为是对"物异带来灾祸"观念的一种强化。也就是说,通常人们看到一些不合常理的异象时会产生大祸临头的想法,却无法具体获知灾祸的确切信息,而怪是具备灵性的个体,它有能力将这种灾祸的具体信息提前告知。

有的怪会肆意干扰人的活动,与人为害。比如《子不语·匾怪》中的这则故事:

拂之,见白须万茎,出屋梁匾上。有人面大如七石缸,眉目宛然,视下而笑。秀才素有胆,以手捋其须,随捋随缩,但存大面,端居匾上。秀才加帆于几,视之,了无一物。复就读书,须又拖下如初。如是数夕,大面忽下几案间,布长须遮秀才眼,书不可读。击以砚,响若木鱼,去。又数夕,秀才方寝,大面来枕旁,以须搔其体。秀才不能睡,持枕掷之。大面绕地滚,须飒飒有声,复上匾而设。合家大怒,急为去匾,投之火,怪遂绝,秀才亦登第。

在古代社会,科举高中应该是读书人的最大心愿,为此寒窗苦读、废寝忘食者大有人在。但这个匾怪,先是不停地戏弄秀才,让他没有办法读书,然后又干扰秀才睡觉,让他也没有办法休息。若不是被及时发现、除掉,金榜题名的愿望恐怕很难顺利实现。

不过这一匾怪虽不益于人,但终究只是戏弄,更多的怪则是对人身体进行摧残,有的精怪会让人在不知不觉中患上这样或是那样的疾病,却又无药可医:"越州兵曹柳崇,忽疮生于头,呻吟不可忍。于是招术士夜观之,云:'有一妇女绿裙,闻之不应,在君窗下,急除之。'崇访窗下,止见一瓷妓女,极端正,绿瓷为饰,遂于铁臼捣碎而焚之,疮遂愈。"[1]更加严

---

[1] 张鷟:《朝野佥载·柳崇》,载《太平广记》,李昉等编,中华书局,1961年版,第2931页。

重的则是对人进行攻击,企图将人整死,如《广异记·韦训》中的新妇子:

> 唐京兆韦训,暇日于其家学中读《金刚经》。忽见门外绯裙妇人,长三丈,逾墙而入,遥捉其家先生。为捽发曳下地,又以手捉训。训以手抱《金刚经》遮身,仓卒得免。先生被曳至一家,人随而呼之,乃免。其鬼走入大粪堆中,先生遍身已蓝淀色,舌出长尺余。家人扶至学中,久之方苏。率村人掘粪堆中,深数尺,乃得一绯裙白衫破帛新妇子,焚于五达衢,其怪遂绝焉。

这类精怪往往狰狞恐怖,肆意地与人作祟,企图夺人性命,是最不受人欢迎的精怪。诸如此类的还有《子不语》中的棺盖怪、《夜谭随录》中的纸钱怪、《醉茶志怪》中的泥女精,等等。

人怪相恋

人与异类的婚恋是颇为常见的叙事主题,多数学者都认为这是人们在梦幻以及想象中以一种叛逆的姿态宣泄自己的欲望。在中国古代社会,苛严的伦理思想对人性产生束缚和压制,让人的欲望难以发泄,但通过想象人与异类的相恋、交合使得这一缺失得以补偿。在关于怪物的记载与描述中,这一情结也非常引人瞩目,来看《艳异编·阮文雄》这则故事:

> 静江有阮姓名文雄者,家积饶裕,性恢廓,耽嗜山水佳趣。绍定己丑秋,庄舍当租课时,阮生乘机图游赏之乐,乃携一二苍头,棹一叶小航,沿水滨而轻棹发时,则白蘋红蓼,败芰残荷,晴岚耸翠笼云,远树含青挂日,听鸣禽,观跃鲤,凡景属意会,罔不收赏,停衍飘扬。舟至七里湾,不觉天色已暝矣。四顾寂无人居,俄而前有楼阁,作岿然状,即命仆移

舟近之。舟甫舣定,忽闻楼上哑然有声。生窃视之,乃三美人倚栏颦笑。生一见不能定情,遂于舟中朗声吟曰:"愁倚溪楼望,还因见月明。月明如有约,偏照别离情。"美人闻之,楼上吟曰:"细草春来绿,闲花雨后红。思君不能见,惆怅画楼东。"生愈添悒怏,惜不能效冯虚之御风也。已而美人以红绒绳坠于舟中,生乃攀援而上,美人笑曰:"郎君将为梁上君子乎?"生笑曰:"将效昔人之折齿也。"遂谐衾枕欢笑,周且复始,情觉倍浓。一美人曰:"妾辈非山鸡、野鹜之能驯,路柳、墙花之可折,盖因时感兴,物既能然,睹景伤情,人奚免此。故宁违三尺法,以恣六欲私,君倘不嫌噬肤之易合,而守金椳之至坚,毋鄙缓缓之态,得遂源源而来,则妾辈夕死可矣。"一美人曰:"'窈窕淑女,君子好逑',今日之乐是矣。可无诗乎?"金谓诺诺。美人乃先吟曰:"峄阳自古重南金,制作阴阳用意深。灵籁一天孤鹤唳,寒涛千顷老龙吟。奏扬淳厚羲农俗,荡涤邪□

郑卫音。慨想子期归去后,无人能识伯牙心。"一美人吟曰:"云和一曲古今留,五十弦中逸思稠。流水清泠湘浦晚,悲风萧瑟洞庭秋。惊闻瑞鹤冲霄舞,静听嘉鱼出洞游。曾记湘灵佳句在,数峰江上步高秋。"末后一美人吟曰:"龙首去头巧制成,螳螂为样抱轻清。玉纤忽缀一声响,银汉惊传万籁鸣。似诉昭君来虏塞,如言都尉忆神京。征人归息频闻处,暗恨幽愁郁郁生。"

未几,夜色将阑,晨光欲散,美人急扶生起曰:"郎君速行,毋令外人觉也。"生仓皇归舟,命仆整顿装束,思为久留计,忽回首一望,楼阁美人,杳无存矣。生大惊异,乃即其处访之,但见一古冢累然,旁有穴隙,为狐兔门户,见内有琴瑟琵琶,取归而货之,得重价。

这个阮生在行舟之中无意中看到了三位美人,便以诗传情,表达爱慕之意。听到美人的应和之后,便不能自已,恨不得自己乘风而行,马上飞到美人屋中。后来他沿着美人垂下的红绳攀援而上,与其"谐衾枕欢笑,周且复始,情觉倍浓"。当然,三位美人并非人类,而是古墓里的乐器幻化而成的怪。值得注意的是,阮生之所以能够发现这一事实,也是由于他想要长时间地留在美人身边,在思考计策之际忽一回首而真相大白,此情不可谓不深。

首先,与人相恋的怪物存在比较典型的类群:其一是动物中的狐狸,如《搜神记·陈羡》、《广异记·李参军》、《集异记·田氏子》、《纪闻·徐安》等;其二是植物中的花,如《集异记·光化寺客》中的百合花精、《北梦琐言》中的荷花等;其三是人造物中的各类偶人,如《广异记·卢涵》中的盟器婢子、《玉堂闲话·南中行者》中的九子母像、《北梦琐言》中的冥器婢子、《湖海新闻夷坚续志》中的压被泥孩、土偶等。

当然,也有一些妖怪是无法确定原形的,比如《宣室志·谢翱》里面记载的这则故事:

> 陈郡谢翱者,尝举进士,好为七字诗。其先寓居长安升道里,所居庭中多牡丹。一日晚霁,出其

居,南行百步,眺终南峰。伫立久之,见一骑自西驰来,绣缋仿佛,近乃双鬟,高髻靓妆,色甚姝丽。至翱所,因驻谓翱:"郎非见待耶!"翱曰:"步此,徒望山耳。"双鬟笑降,拜曰:"愿郎归所居。"翱不测,即回望其居,见青衣三四人偕立其门外,翱益骇异。

入门,青衣俱前拜。既入。见堂中设茵毯,张帷帝,锦绣辉映,异香遍室。翱愕然且惧,不敢问。一人前曰:"郎何惧固不为损耳。"顷之,有金车至门。见一美人,年十六七,风貌闲丽,代所未识。降车入门,与翱相见。坐于西轩,谓翱曰:"闻此地有名花,故来与君一醉耳。"翱惧稍解。美人即命设馔同食,其器用物,莫不珍丰。出玉杯,命酒递酌。翱因问曰:"女郎何为者得不为他怪乎?"美人笑不答。固请之,乃曰:"君但知非人则已,安用问耶!"夜阑,谓翱曰:"某家甚远,今将归,不可久留此矣!闻君善为七言诗,愿有所赠。"翱怅然,因命笔赋诗曰:"阳台后会杳无期,碧树烟深玉漏迟。半夜香风满庭月,花前竟发楚王悲。"美人览之,泣下数行,曰:"某亦尝学为诗,欲答来赠,幸不见诮。"翱喜而请。美人求绛笺,翱视笥中,唯碧笺一幅,因与之。美人题曰:"相思无路莫相思,风里花开只片时。惆怅金闺却归处,晓莺啼断绿杨枝。"

这个故事里的美女其实也没有被确定到底是啥妖怪,虽然文章开篇就点出"所居庭中多牡丹",但始终未道明。只是这怪身形娇美、情感丰富,且颇具学识,应该是士人心中比较典型的红颜知己的形象。

其次,精怪中女子引诱男子的故事所占比重十分大,也有男性引诱女性的例子。人们比较熟悉的狐狸精、花妖通常是幻化成美女与男性交好,比如《百合花》这则故事:

在很早以前,有一个名叫小林的小伙子,从小父母双亡,靠种田维持生活。他不怕辛苦劳累,开垦荒山野岭,每天起早贪黑地劳动。

一天,这勤劳的小伙子的汗水流在石窝里,石窝里就开出了一朵神奇的百合花,鲜艳夺目,香气四溢,非常惹人喜爱。小伙子小心地用双手把花高高兴兴地捧回家,种在石臼里。一天,他在灯下编织竹箩,突然灯里开出一朵闪亮的灯花。那灯花慢慢变大,从灯里走出来一个非常美丽的姑娘,她就是百合花的化身。

从此,小伙子和姑娘结成了夫妻,白天两人上山种地,晚上一个编织竹箩,一个绣花,小日子过得又甜蜜又幸福。小伙子也就渐渐满足了,他不再劳动,整天衔着烟杆,手提鸟笼,东游西逛,变得又懒又馋,妻子一再劝说,他也听不进去了。

有一天灯芯里又开出一朵灯花,油灯里飞出一只五彩的孔雀,小伙子的妻子骑着孔雀飞进月亮里去了。小伙子把所有的东西全都卖光了,又来卷炕上的席子,忽然看见妻子当年精心绣制的象征着幸福的图案,他流出了眼泪,后悔当初不听妻子的劝告。

从那以后,小伙子又像从前那样辛勤地劳动。在中秋之夜灯花忽然又开了,他的妻子回来了。从此以后夫妻相亲相爱,共同劳动,日子过得比花香,比蜜甜。

(《中国精怪故事》)

人造物精怪中也不乏此类,如《云斋广录·甘陵异事》中就记载了一个灯檠变成妇人,吟诗诵词,与一书生交好的故事。① 但还有相当一部分是人造物幻化成男性与女狎昵,来看《湖海夷坚续志·泥孩儿怪》这个故事:

临安风俗,嬉游湖上者,相尚多买平江泥孩儿,乃与邻家,谓之土宜像。院西有一民家女,因得压被孩儿,归置于床屏彩桥之上,玩弄爱惜无厌。一日午睡,忽闻有人歌诗云:"绣被长年劳转展,香帏还许暂偎随。"及觉,不见有人。是夕,中夜睡微醒,

---

① 李献民:《云斋广录·甘陵异事》,载《宋代传奇集》,李剑国辑校,中华书局,2001年版,第375页。

复闻有歌前诗句。惊觉,月影朦胧,见一少年侵步帐西,女子惊起。进而抚之曰:"勿恐,我所居去此不远,慕子之久,神魂到此,不待启关而入。"起视扃钥如故。女知其神,不得已与之合焉。正当风清月白之时,此子时复而来,因遗金环。女密投箧中,数日见金环实土为之,女心大惊。忽见压被孩儿左臂上金环不存,知此为怪,遂碎而投诸河,其怪遂绝。

诸如此类的故事还有《异苑·徐氏婢》《幽明录·江淮妇人》《酉阳杂俎·姚司马》《夷坚志·乐桥妖》《夷坚志·萧县陶匠》《湖海夷坚续志·法诛土偶》《聊斋志异·泥书生》和《聊斋志异·土偶》等。在本就不多的人造物精怪与人相恋的故事中,这一数量已是可观。探究其中原因,当是人造物精怪的原形多为实用功能大于审美功能的各类用具,很难与身姿妖娆的美女相联系,故而只有具备人形的各类偶像或是能够给人美感的乐器等容易让人联想为美女的与人相恋。

最后,人怪结合,通常给人带来的是危害,这一点在怪的故事中体现得比较明显。《艳异编·箄帚志》描写的少年僧为一化作美女的箄帚精怪所迷，夜夜欢会，以至"僧体枯瘦，气息恹然，渐无声息，虽救治百端，罔效"，在老僧的询问下道出事情原委，与众僧合力商量了对策：

> 僧潜以一绒花插女鬓上，又戏击其门者三。众僧闻击声，俱起追察。但见一女冉冉而去。众乃鸣铃诵咒，执锡持兵，相与赶逐，直至方丈后一小室中乃灭。此时传言三代祖定化之处，一年一开奉祭，余时封闭而已。众僧知女隐迹，即踊跃破窗而入，一无所见。但见西北佛厨后，烁烁微光，急往烛之，则竖一弊帚耳。竹质润滑，枝束鲜莹，盖已数十年外物也。众方疑惑，而绒花在柄，因共信之，乃持至堂前，抽折一管，则水流。众僧惊异，明灯细视，管中非水，实精也。

若非众人相救，此少僧必落得个性命不保的下场。可见，与人相好的精怪仍然有害人倾向。民间故事中也有类似

传说,比如《葡萄精》这则故事:

从前有一户人家,靠种葡萄养家糊口。一年辛辛苦苦下来,日子过得倒也可以。特别屋后院的那一棵葡萄,更是叫人喜欢,一年能结十几担葡萄。光是这一棵葡萄的收成,就有十几两银子。一家人对这棵葡萄也另眼相看,每天灌尿灌屎精心培养。一天,主人培育它时不小心,手指被剐破了,出了很多血,滴在葡萄藤上。这棵葡萄吸了人血,几年后,修道成精,经常在主人家中弄神做鬼,搞得主人一家很不安宁。

葡萄精看到主人家的小女儿生得如花似玉,不觉迷了心窍,就打定主意要占有她。每天半夜过后,它就趁姑娘熟睡的时候变成一个美男子,到小姐房中同她睡觉,还吸了她的血。这样,小姐的身体一天不如一天,脸也黄了,身体瘦了,头重脚轻,不思茶饭,四肢酥软了。

父母见女儿这样,以为得了大病,就四下里请郎中来为女儿治病,但是无济于事。女儿一天比一天消瘦,又羞于启齿,后来竟成天胡言乱语。父母很是着急。

一次,请来一个老郎中,他一看小姐的病,就讲是中了邪气。母亲又去跟女儿讲:"是不是有妖精收了你的魂、吸了你的血去?"小姐这才讲出了前因后果:"那男子好怪,每天晚上都来。他一来,我就分不清东南西北了,随他怎么摆弄。"母亲听了,想了一下,告诉女儿说:"今天晚上你喝点雄黄酒,身上放一包银针,一包丝线,穿上银针,到明天清早那男人走的时候,你把银针插到他身上。"小姐点头照办。

第二天早上,父母来到小姐房中,只见一根丝线从房门牵到屋后院,银针插在那一棵葡萄藤上。他们就这样知道了,原来是这棵葡萄精缠住了小姐,就叫来家人,把这棵葡萄砍了,血流了一地。

从此,姑娘的身体很快就康复了。

《中国精怪故事》

在异类的世界中,神仙与精怪是对立的,是人性善端与恶端的两极分化。人性向善扩展而为神仙,也使得神仙与人发生婚恋时以护佑人为主;人性向恶扩展为妖怪,也使得精怪与人发生婚恋时经常害人。①

风雅怪事

在怪物形象中,还有一类比较特殊,它们多是自娱自乐,好像是在作秀,并不给人带来什么灾难,反而可以充当人们闲暇生活的调剂品。来看《开天传信记》中的这个"麹秀才":

> 道士叶法善,精于符箓之术。上累拜为鸿胪卿,优礼特厚。法善居玄真观,尝有朝客十余人诣之,解带淹留,满座思酒。忽有人叩门,云麹秀才。法善令人谓曰:"方有朝僚,无暇晤语,幸吾子异日

---

① 关于神仙与精怪的这一特点,详见《中国古代小说仙道人物研究》,黄景春著,广西师范大学出版社,2006年版,第54—58页。

见临也。"语未毕,有一措大,傲睨直入,年二十许,肥白可观,笑揖诸公,居于末席,抗声谈论,援引今古。一席不测,众耸观之。良久暂起,如风旋转。法善谓诸公曰:"此子突入,词辩如此,岂非妖魅为眩惑乎?"试与诸公取剑备之。麹生复至,扼腕抵掌,论难锋起,势不可当。法善密以小剑击之,随手丧元,坠于阶下,化为瓶盖。一座惊愕惶遽,视其处所,乃盈瓶酴酿也。咸大笑,饮之,其味甚嘉。坐客醉而抚其瓶曰:"麹生麹生,风味不可忘也。"

酴酿,是盛酒的一种器皿,幻化成了一个白白胖胖的读书人,与人高谈阔论、援引古今。它并没有害人的企图,只是由于坐的时候不小心惹到了人们的注意,对其产生怀疑而最终被识破。到头来,满肚子的酒让人喝光,还落得个遭人嘲笑的下场。再来看下面这个自娱自乐的妖怪:

绍兴民家有楼,终年镝闭。一日,有远客来求宿。主人曰:"宅东有楼,君敢居乎?"客问故,曰:

"此楼素积韬重,二仆居之。夜半闻叫号声,往视之,见二仆颜色如土,战栗不能言。少顷云:'我二人甫睡,尚未灭烛,见一物长尺许,如人间石敢当状,至榻前,搴帏欲上。我等骇极,不觉大呼狂奔而下。'所见如此,自是莫敢有楼居者。"客闻笑曰:"仆请身试之。"主人不能挽,为涤尘土,列几席而下榻焉。客登楼,燃烛佩剑以待。

漏三下,有声索索自室北隅起。凝睇窥之,见一怪如主人所言状,跳而登座,翻阅客之书卷。良久,复启其箧,陈物几上,一一审视。箧内有徽州炮竹数枚,怪持向灯前,把玩良久。烟花飞落药线上,轰然一声,响如霹雳,此怪唧唧滚地,遂殁不见。心大异之,虞其复来,待至漏尽,竟匿迹销声矣。

晨起告主人,互相惊诧。至夜,客仍宿楼上,杳无所见。此后,楼中怪绝。

(《子不语·怪弄爆竹自焚》)

玩爆竹把自己给炸没了,这个妖怪可实在是笨。当然,怪物如果并没有企图害你,只是自娱自乐的话,而人主动去招惹妖怪很容易落到不好的下场:

> 邑王姓,居室精洁,床头悬美人画一轴,笔墨精巧,粉黛如生。一夕,王他出,其妻对灯独坐,见系帐长缏影拖美人颈下,状如投缳。惊疑间,美人自纸下,颔悬绳上,旋转不休。惧而大号,其夫适归,备言其状。王投画于火。后数日,梦美人怒谓王曰:"我偶戏秋千,何于尔事,而毁我之形!此惨毒之仇,誓必相报。"遽以手扼其喉。惊寤,自此患病而亡。
>
> 醉茶子曰:粉黛如生,呼之欲下,真令人夸丹青笔妙,而想念真真也。奈何红颜为厉,作怪骇人,其遭焚身之祸不亦宜哉!而犹挟私仇以逞报复,其不能自咎也甚矣。
>
> 《醉茶志怪·画妖》

此类怪物形象的出现当是文人借以进行哲学讨论、讥刺时弊或劝惩世人的手段。自唐以来,文人开始着意创作小说,可以运用多种创作手法使得怪的形象更加饱满,故事的情节更加玄妙、引人入胜,同时也间接地表达了作者的个人情怀。另外,文人可以通过"行卷"、"温卷"以取得名人推荐,达到登科入仕的目的。

由此,关于怪的叙事也称为文人表现自我才华的一种方式。来看《灵怪集》中的这则故事:

> 太原掌书记姚康成,奉使之汧陇。会节使交代,入蕃使回,邮馆填咽。遂假邢君牙旧宅,设中室,以为休息之所。其宅久空废,庭木森然。康成昼为公宴所牵,夜则醉归,及明复出,未尝暂歇于此。一夜,自军城归早,其属有博戏之会,故得不醉焉。而坐堂中,因命茶,又复召客,客无至者。乃命馆人取酒,遍赐仆使,以慰其道路之勤。既而皆醉,康成就寝。二更后,月色如练,因披衣而起,出于宅门,独步移时,方归入院。遥见一人,入一廊房内,

寻闻数人饮乐之声。康成乃蹑履而听之,聆其言语吟啸,即非仆夫也。因坐于门侧,且窥伺之。仍闻曰:"诸公知近日时人所作,皆务一时巧丽。其于托情喻己,体物赋怀,皆失之矣。"又曰:"今三人可各赋一篇,以取乐乎。"皆曰善。乃见一人,细长而甚黑,吟曰:"昔人炎炎徒自知,今无烽灶欲何为。可怜国柄全无用,曾见人人下第时。"又见一人,亦长细而黄,面多疮孔,而吟曰:"当时得意气填心,一曲君前值万金。今日不如庭下竹,风来犹得学龙吟。"又一人肥短,鬓发垂散,而吟曰:"头焦鬓秃但心存,力尽尘埃不复论。莫笑今来同腐草,曾经终日扫朱门。"康成不觉失声,大赞其美。因推门求之,则皆失矣。俟晓,召舒吏询之,曰:"近并无此色人。"康心疑其必魅精也,遂寻其处。方见有铁铫子一柄、破笛一管、一秃黍穰帚而已。康成不欲伤之,遂各埋于他处。

这则怪故事写得风雅:太原掌书记官姚康成奉命到沔

陇,正赶上节使替换,出使少数民族地区的使臣返回,所以驿站的客馆拥挤,姚康成便借邢君牙的旧宅,布置安排一些生活用具,作为休息的地方。那个房子空废很久了,庭院中树木森森。姚康成白天忙于应酬赴宴,晚上喝醉了才回来,到天明又出去,未曾在这里好好休息。一天晚上,他回来得早一点,他部下赌博聚会去了,所以他没有喝醉。他坐在厅上叫人上茶,想找个朋友来也没找到,就叫驿站的侍从拿来酒,赏赐给每一个仆人,对他们一路上的辛勤侍奉表示慰劳。不一会大家都醉了,姚康成也躺下休息。二更以后,月色像洁白的绢。他穿衣服起来,走出宅院的大门,独自散步多时才返回宅院。这时他远远看见院子里有一个人进入一间空房子里,不久又听到几个人喝酒说笑的声音。姚康成轻轻地走过去倾听,听到有人吟诗,知道不会是仆人。于是他坐到门房,偷偷地观看这些人,听到其中一人说:"各位知道近来当代文人的作品,都是追求辞藻的华丽,在寄托情感、表达见解、描写事物和抒发志向上都明显不足。"又说:"现在我们三个人可以各自赋诗一首,以增加酒兴。"几个人都表示赞成。

这时姚康成看见一个人,身材细长而面色黝黑,吟诵说:"昔人炎炎徒自知,今无烽灶欲何为。可怜国柄全无用,曾见人人下第时。"又见一个人,身材细长而面色微黄,上面还有很多疮孔,吟诵道:"当时得意气填心,一曲君前值万金。今日不如庭下竹,风来犹得学龙吟。"最后一个人肥胖粗矮,鬓发垂散,他吟诵说:"头焦鬓秃但心存,力尽尘埃不复论。莫笑今来同腐草,曾经终日扫朱门。"姚康成不觉失声叫了一声好,对他们的诗表示赞美,然后推开门进去找他们,但是这些人都不见了。等到天亮,姚康找来驿站的官员询问那几个人的来历。官员回答:"近来没有这样的人。"姚康成怀疑他们是鬼魅,于是便寻找他们的踪迹,后来发现有一柄烧水烫酒用的铫子、一管破笛子、一把秃头扫帚。姚康成不想伤害他们,就叫人将他们分别埋了。这个故事虽然描写了几个妖怪,但是于人并无害处,且口才和学识颇佳,应是文人借创作故事展现自我文采,而非纯粹的妖怪故事。

第四篇 面对怪之人

虽然怪的表现各不相同，但在人们的观念中，其本身弥漫着一层恐怖狰狞的气息，因此于百姓而言，怪是足够引起惊异与恐慌的。《礼记·祭义》："君蒿凄怆，此百物之精也，神之著也。因物之精，制为之极，明命鬼神，以为黔首则。百众以畏，万民以服。"人们对怪产生畏惧之后，通常会千方百计来对付它们，以平抚自己的情绪。

祭神如神在

一般来讲，人们对于幻想中存在的事物都抱着敬畏的态度，恐怕给自己带来任何不安或是灾祸。在人们的观念中，怪异本就属于不祥的范畴，而精怪又因其鬼鬼祟祟的行踪和惹是生非的行径且潜伏于世俗人间，与人世密切相联，故令人产生畏惧，来看《醉茶志怪·红衣女》这个故事：

> 予戚郭公理堂，与友人遨游城隍祠。时廊中新塑一美人像，云鬟笼翠，艳色动人。郭视之，心荡。出寺，有风旋其前，中有一红衣女子，随风飞舞，须

臾,冲霄而去。自此惊怖而成颠疾。

这位郭公初见美人塑像之时还心生情愫、惴惴难安,但当见到塑像幻化而成的红衣女子之后便惊恐不已,而致疯疯癫癫,疾病难愈。而人们对付怪物的第一种方法是祭祀,即敬而奉事使其不危害人的生活。来看《洛阳三怪记》这则故事:

> 说这河南府衣台街上,有个开金银铺潘小员外,名叫潘松。时遇清明节,因见一城人都出去郊外赏花游玩,告父母也去游玩。
>
> ……
>
> 看着那青山似画,绿水如描,行到好观看处,不觉步入一条小路,独行半亩田地。这条路游人稀少,正行之间,听得后面有人叫"小员外",回转看时,只见路旁高柳树下,立着个婆子,看这婆婆时,生得:鸡皮满体,鹤发盈头。眼昏似秋水微浑,体弱如秋霜后菊。浑如三月尽头花,好似五更风

里烛。

潘松道:"素昧平生,不识婆婆姓氏?"婆婆道:"小员外,老身便是妈妈的姐姐。"潘松沉思半晌,道:"我也曾听得说有个姨姨,便是小子也疑道,婆婆面貌与家间妈妈相似。"婆婆道:"好些年不见,你到我家吃茶。"潘松道:"甚荷姨婆见爱!"即时引到一条崎岖小径,过一条独木危桥,却到一个去处。婆婆把门推开,是个人家。随着那婆婆入去,着眼四下看时,原来是一座崩败花园。但见:亭台倒塌,栏槛斜倾。不知何代浪游园,想是昔时歌舞地。风亭敝陋,惟存荒草绿萋萋,月榭崩摧,四面野花红拂拂。莺啼绿柳,每喜尽日不逢人;鱼戏清波,自恨终朝无食饵。秋来满地堆黄叶,春去无人扫落花。

这婆婆引到亭上:"请坐。等我入去报娘娘知,我便出来。"入去不多时,只见假山背后,两个青衣女童来道:"娘娘有请!"这潘松道:"有甚么娘娘?"只见上首一个青衣女童认得这潘松,失惊道:"小员外,如何在这里?"潘松也认得青衣女童是邻舍王家女儿,叫做王春春,数日前,时病死了。潘松道:"春春,你如何在这里?"春春道:"一言难尽!小员外,你可急急走去,这里不是人的去处。你快去休!走得迟,便坏你性命!"

当时,潘松唬得一似:分开八片顶阳骨,倾下半桶冰雪水。

潘松慌忙奔走,出那花园门来,过了独木桥,寻原旧大路来,道:"惭愧惭愧,却才这花园,不知是谁家的?那王春春是死了的人,却在这里。白日见鬼!"迤逦取路而归,只见前面有一家村酒店。但见:傍村酒店几多年,遍野桑麻在地边。白板凳铺邀客坐,柴门多用棘针编。暖烟灶前煨麦蜀,牛屎泥墙画醉仙。

潘松走到酒店门前,只见店里走出一人,却是旧结交的天应观道上徐守真,问道:"师兄如何在此?"守真道:"往会节园看花方回。"潘松道:"小子适来逢一件怪事,几乎坏了性命。"把那前事对徐守真说了一遍。守真道:"我行天心正法,专一要捉邪祟。若与吾弟同行,看甚的鬼魅敢来相侵!"二人饮酒毕,同出酒店。正行之次,潘松道:"师兄,你见不见?"指着矮墙上道:"两个白鹅子在瓦上厮啄,一个走入瓦缝里去。你看我捉这白鹅子。"方才抬起手来,只见被人一掀,掀入墙里去。却又是前番撞见婆子的去处。守真在前走,回头不见了人,只道又有朋友邀去了,自归。不在话下。

且说潘松在亭子上坐地。婆子道:"先时好意相留,如何便走?我有些好话共你说。且在亭子上相等,我便来。"潘松心下思量,自道:"不妨再行前计。"只见婆子行得数步,再走回来:"适来娘娘相请,小员外便走去了,到怪我。你若再走,却不利害!"

只见婆子取个大鸡笼,把小员外罩住,把衣带结三个结,吹口气在鸡笼上,自去了。潘松用力推不动;用手尽平日气力,也却推不动。不多时,只见婆子同女童来道:"小员外在那里?"婆子道:"在客位里等待。"潘松在鸡笼里听得,道:"这个好客位里等待!"只见婆子解了衣带结,用指挑起鸡笼。青衣女童上下手一挽,挽住小员外,即时撮将去,到一个去处。只见:金钉朱户,碧瓦盈檐。四边红粉泥墙,两下雕栏玉砌。宛若神仙之府,有如王者之宫。

那婆婆引入去,只见一个着白的妇人出来迎接。小员外着眼看,那人生得:绿云堆鬓,白雪凝肤。眼描秋月之明,眉拂青山之黛。桃萼淡妆红脸,樱珠轻点绛唇。步鞋衬小小金莲,十指露尖尖春笋。若非洛浦神仙女,必是蓬莱阆苑人。

那婆子引那妇女与潘松相见罢,分宾主坐定,交两个青衣安排酒来,但见:

广设金盘雕俎,铺陈玉盏金瓯。兽炉内高热龙涎,盏面上波浮绿醑。筵间摆列,无非是异果蟠桃;席上珍羞,尽总是龙肝凤髓。

那青衣女童行酒,斟过酒来。饮得一盏,潘松始问娘娘姓氏,只听得外面走将一个人入来。看那人时,生得:面色深如重枣,眼中光射流星。身披烈火红袍,手执方天画戟。

那个人怒气盈面,道:"娘娘又共甚人在此饮宴?又是白圣母引惹来的,不要带累我便好。"当时娘娘把身迎接他。潘松失惊,问娘娘:"来者何人?"娘娘道:"他唤做赤土大王。"相揖了,同坐饮酒。少时,作辞去了。

娘娘道:"婆婆费心力请得潘松到此,今做与奴做夫妻。"吓得小员外不敢举头。也不由潘松,扯了手便走。两个便见:共入兰房,同归鸳帐。宝香消绣幕低垂,玉体共香衾偎暖。揭起红缝被,一阵粉花香;掇起琵琶腿,慢慢结鸳鸯。三次亲唇情越盛,一阵酥麻体觉寒。二人云雨,潘松终猜疑不乐。缠绵到三更已后,只见娘娘扑身起来出去。

小员外根底立着王春春,悄悄地与小员外道:

"我交你走了,却如何又在这里?你且去看那件事。"引着小员外,蹑足行来,看时,见柱子上缚着一人,婆子把刀劈开了那人胸,取出心肝来。潘松看见了,吓得魂不附体,问春春道:"这人为何?"春春说道:"这人数日前时,被这婆婆迷将来,也和小员外一般排筵会,也共娘娘做夫妻。数日间又别迷得人,却把这人坏了。"潘松听得,两腿不摇身自动:"却是怎生奈何?"

说犹未了,娘娘入来了,潘松推睡着。少间,婆婆也入来,看见小员外睡着,婆子将那心肝,两个斟下酒,那婆子吃了自去,娘娘觉得醉了,便上床去睡着。只见春春蹑脚来床前,招起潘松来,道:"只有一条路,我交你走。若出得去时,对与我娘说听:多做些功德救度我。你记这座花园,唤做刘平事花园,无人到此。那着白的娘娘,唤做玉蕊娘娘;那日间来的红袍大汉,唤做赤土大王;这婆子,唤做白圣母。这三个不知坏了多少人性命。我如今救你出去,你便去房里床头边,有个大窟笼,你且不得怕,便下那窟笼里去,有路只管行,行尽处却寻路归去。娘娘将次觉来,你急急走!"

潘松谢了王春春,去床头看时,果然有个大窟笼。小员外慌忙下去,约行半里田地,出得路口时,只见天色渐晓。但见:薄雾朦胧四野,残云掩映荒郊。江天晓色微分,海角残星尚照。牧牛儿未起,采桑女犹眠。小寺内钟鼓初敲,高荫外猿声乍息。正是:大海波中红日出,世间吹起利名心。

潘松出得穴来,沿路上问采樵人,寻路归去,远远地却望见一座庙宇,但见:朱栏临绿水,碧涧跨虹桥。依稀观宝殿嵬嵬,仿佛见威仪凛凛。庙门开处,层层冷雾罩祠堂;帘幕中间,阴阴黑云笼圣像。殿后檜松蟠异兽,阶前古桧似龙蛇。

行进数步,只见灯火灿烂,一簇人闹闹吵吵,潘松移身去看时,只见庙中黄罗帐内,泥金塑就,五彩妆成,中间里坐着赤土大王,上首玉蕊娘娘,下首坐着白圣母,都是夜来见的三个人。惊得小员外手足无措。问众人时,原来是清明节,当地人春赛,在这庙中烧纸酹献。小员外走出庙来,急寻归路,来到家中,见了父母,备说昨夜的事。大员外道:"世上有这般作怪!"

父子二人,即时同去天应观,见徐守真。潘松说:"与师兄在酒店里相会出来,被婆子摄入花园里去。"把那取人心肝吃酒的事,历历说了一遍:"不是王春春交我走归,几乎不得相见!"徐道士见说,即时登坛作法,将丈二黄绢,书一道大符,口中念念有词,把符一烧。烧过了,吹将起来,移时之间,就坛前起一阵大风。怎见得?那风:风来穿陋巷,透玉宫。喜则吹花谢柳,怒则折木摧松。春来解冻,秋谢梧桐。睢河逃汉主,赤壁走曹公。解得南华天意满,何劳宋玉辨雌雄!

那阵风过处,见个黄袍兜巾力士前来云:"潘松该命中有七七四十九日灾厄,招此等妖怪,未可剿除。"徐守真向大员外道:"令嗣有七七四十九日灾厄,只可留在敝观躲灾。"大员外谢了徐守真,自归。

小员外在观中住了月有余。忽一日,行到鱼池边钓鱼。放下钩子,只见水面开处,一个婆子咬着钓鱼钩。吓得潘松丢下钓竿,大叫一声,倒地而死。急忙救起,半晌重苏,令人便去请将大员外来。徐守真向大员外道:"要捉此妖怪,除是请某师父蒋真人下山。"

大员外问:"这蒋真人却在何处?"徐守真道:"见在中岳嵩山修行。"大员外道:"敢烦先生亲自请蒋真人来,捉此妖怪。"徐守真相别了,就行。

且说小员外同爹归到家里,只是开眼便见白圣母在书院里面。忽一日,潘松在门前立地,只见那婆子道:"娘娘交我来请你。"正说之间,却遇着徐守真请蒋真人来到潘员外门前,却被蒋真人镇威一喝,吓得那婆子抱头鼠窜,化一阵冷风,不见了。徐守真令潘松:"参拜了蒋真人,救你一命!"大员外即时请蒋真人相见。叙礼毕,安排饭食。不在话下。

那蒋真人道:"今夜三更三点,先诛这白圣母。"天色渐晚,但见:金乌西坠,玉兔东生。满空薄雾照平川,几缕残霞生远浦。渔父负鱼归竹径,牧童同犊返孤村。

当夜二更前后,蒋真人作罡法,念了咒语。两员神将驱提白圣母来。蒋真人交抬过鸡笼来,把婆子一罩住,四下用柴围着。蒋真人喝声:"放火烧!"移时,婆子不见了,只见一个炙干鸡在笼里。

看看天晓,蒋真人道:"今卓午时,刘平事花园里去断除那两个妖怪。"到得日中,四人同行到花园门首。蒋真人道:"交徐守真将一道灵符,将两枚大钉,就花园门首地上便钉将下去。"只见起一阵大风,风过处,见四员神将出现。但见:黄罗抹额,污骖皂罗袍光;袖绣团花,黄金甲束身微窄。剑横秋水,靴踏狻猊。上通碧汉之间,下彻九幽之地。业龙作过,自海波水底擒来;邪祟为妖,入洞穴中捉出。

六丁坛畔,权为符吏之名;玉帝阶前,请走天丁名号。搜捉山前为怪鬼,拜会乾坤下二神。四员神将领了法旨,去不多时,就花园内起一阵风。但见:无形无影透人怀,四季能吹万物开。就地撮将黄叶去,入山推出白云来。风过处,只听得豁辣辣一声响亮,从花园里,神将驱将两个为祸的妖怪来。蒋真人道:"与吾打杀,立交现形!"神将那时就坛前打杀,一条赤斑蛇,一个白猫儿。原来白圣母是个白鸡精,赤土大王是条赤斑蛇,玉蕊娘娘是个白猫精。

神将打死了妖怪,一阵风自去了。潘员外拜谢了蒋真人、徐守真,自去了。

这篇故事里的白鸡、赤斑蛇和白猫统统为怪且为害,然而人们还是将其奉入庙里,烧香祭拜。与此相似的是民间的五通神信仰,传说五通神也是横行乡野、喜欢淫人妻女妖怪、孤魂的通称,也有说是五位兄弟化成,其来历复杂,尚无定论。

由于妖怪具备一定的超自然能力,而这种能力又能够直接或者间接地给人类带来或好或坏的影响,因此,人们常常从自身的角度出发,对于妖怪生发出崇敬的态度。来看《夹竹桃的传说》这则民间故事:

> 从前,禹州西南山区有个农民叫贾大山,这贾大山爱花如命,被称为花王。
>
> 有年春天,花王路过一座山上,偶然在山崖上发现了一棵花树,他爬上去用锄头把这棵珍奇的花树挖了下来,这棵小树浑身上下一片碧绿,枝头开着鲜红的花朵,花王把它栽到自己的家里。
>
> 过了几年,花王的女儿贾竹桃出嫁,当花轿走到离村十几里路的山崖下时,忽然狂风大作,飞沙走石,天昏地暗,在黑云中出现了妖怪,这妖怪身高三丈,头大如牛,眼似铜铃,样子十分可怕,贾竹桃当场被吓死。花王自从女儿死后,心里像刀割一样难过,吃不下饭,睡不着觉,终日跑到女儿坟上啼哭,有几次他想上吊自尽,幸好被乡邻们发现,才没

有死去,但是身体一天不如一天。尽管这样,他还是坚持着给这棵花树浇水,施肥,直到卧床不起才撒手。他的精神感动了这棵花树,这棵花树本是花仙,被妖王强行霸占,花王救了它,可花王的女儿却遭到不幸,这天,它变成贾竹桃姑娘的样子来到花王的住室里,花王看见女儿到来,不顾一切爬起来上前紧紧抱住她,花仙说:"老伯伯,我是你院里的花树,亲眼看见年轻姑娘被妖怪害死,今日特变成你女儿模样和你商量除妖大事,老人家,这妖我能制服它,可我只有一次生命,制服妖怪后我就会死去,为了大家的安宁,我愿用生命去除掉妖怪,明天你们用花轿把我抬到那儿去。"花王听到这里,感动地说:"你就是我的女儿,你不能去,你就做我的女儿吧!"花仙说:"老伯伯,不要这样,我一条性命能换来万家安宁,我宁愿死掉,也得把妖精制服。"

第二天,人们用花轿把花仙抬到贾竹桃死的地方,这时又是狂风大作,妖怪出现,花仙头上长出了一朵朵小花,嫩红嫩红的花蕊中放射出一道白光,妖怪一见转身就跑,这时花蕊中又放射出一道红光,照在妖精头上,不一会儿妖精变成了一堆白骨,可花仙再也不能恢复人形了。妖怪除掉了,村民安居乐业,人们为纪念这棵仙花,又把它种在花王的院中,经过精心管理,又开花了。这年春天,人们把这棵树移植,由一棵变为两棵,后来移呀,移呀,终于很多人家都种上了这种花,大概它曾变成过花王的女儿贾竹桃,就给它取了个名字——夹竹桃。

现在禹州民间有这样的风俗:谁家女儿出嫁,手里就握着一束夹竹桃,据说是为了辟邪。

(《中国精怪故事》)

这则故事中有两种类型的妖怪,一是黑云中生出的妖怪,二是帮助人们战胜黑云妖怪的花仙。两者皆是由其他物体幻化成为生灵,前者与人为恶;后者超自然的能力更胜一筹,且助人为乐,被称为"仙",也就比其自身最初的属性——"怪"更受人推崇。

一物降一物

与神、仙相比,怪的法力较低且常常以反面形象出现,因而人们更多的是选择采取一些手段将怪灭绝。刘仲宇先生曾言:"中国人对待精怪的态度,一方面是恨之入骨,必欲置之死地而后快。一方面又是因畏惧而生敬,由敬而奉事,尽管心中无可奈何,但临事敬奉,绝不敢怠慢。"[①]也就是说,即使祭祀,也非真心敬奉,如若允许,人们还是会想方设法地将其灭绝。来看《搜神记·葛祚碑》这则故事:

> 吴时,葛祚为衡阳太守。郡境有大槎横水,能为妖怪。百姓为立庙。行旅祷祀,槎乃沉没;不者槎浮,则船为之破坏。祚将去官,乃大具斧斤,将去民累。明日当至。其夜,闻江中汹汹有人声,往视之,槎乃移去,沿流下数里,驻湾中。自此行者无复沉覆之患。

---

① 刘仲宇:《中国精怪文化》,上海人民出版社,1997年版,第224页。

衡阳人为祚立碑,曰"正德祈禳,神木为移"。

槎是木筏,大概是日久生精,能为妖怪。人们对其怕之又怕,遂建了个庙来供奉。但在人们的观念中还是视其为灾难的,建庙只是为了安抚它,让它不要出来作祟。于是后来葛祚下决心为民除害,准备用斧子将其砍毁,吓得这个木筏怪连夜逃走,从此不生祸患,百姓也因此而为葛祚立碑。

这类怪的数量是最多的,究其原因,当是基于"怪"之本义乃为异,多与灾祸相关。一般来讲,人们相信如果对妖怪保持着敬畏之情,就不会遭到灾祸。但是怪一旦作祟,对人们的生活带来危害,人们还是会采取一定的方法加以驱除,或者是在怪进行攻击的时候,不是任其宰割、坐以待毙,而是想办法躲避或是抵挡,比如前文已提及的《广异记·韦训》一例。韦训"以手抱《金刚经》遮,仓卒得免"。这里,人们用手里的《金刚经》加以躲避,仓促之间却也起到了很好的作用。当然,如果人们对怪物产生畏惧而不敢或者没有能力与之抗衡之时,便会邀请一些本领高超的人来帮助他们对其进行反击和镇压。先来看《阅微草堂笔记·滦阳消夏录五》里面记

载的这则故事:

> 奴子王廷佐,夜自沧州乘马归。至常家砖河,马忽辟易。黑暗中,见大树阻去路,素所未有也。勒马旁过,此树四面旋转,当其前,盘绕数刻,马渐疲,人亦渐迷。俄所识木工国姓、韩姓从东来,见廷佐痴立,怪之。廷佐指以告。时二人已醉,齐呼曰:"佛殿少一梁,正觅大树。今幸而得此,不可失也。"各持斧锯奔赴之。树倏化旋风去。《阴符经》曰:"禽之制在气。"木妖畏匠人,正如狐怪畏猎户,积威所劫,其气焰足以慑伏之,不必其力之相胜也。

这个故事所说的"木妖畏匠人,狐怪畏猎户",正是受到典型的"一物降一物"的传统观念影响。因此,各种怪物都有其惧怕的对象,只要找对了就很容易将怪物制服。再来看《集异记·李楚宾》这个故事:

> 李楚宾者,楚人也。性刚傲,惟以畋猎为事,凡出猎无不大获。时童元范家住青山,母尝染疾,昼

常无苦,至夜即发。如是一载,医药备至,而绝无瘳减。时建中初,有善《易》者朱邯,归豫章,路经范舍,邯为筮之。乃谓元范曰:"君今日未时,可具衫服于道侧伺之。当有执弓挟矢过者,君能求之,斯人必愈君母之疾,且究其原矣。"元范如言,果得楚宾,张弓骤马至。元范拜请过舍,宾曰:"今早未有所获,君何见留?"元范以其母疾告之,宾许诺。元范备饮膳,遂宿楚宾于西庑。是夜月明如昼,楚宾乃出户,见空中有一大鸟,飞来元范堂舍上,引喙啄屋,即闻堂中叫声,痛楚难忍。楚宾揆之曰:"此其妖魅也。"乃引弓射之,两发皆中。其鸟因而飞去,堂中哀痛之声亦止。至晓,楚宾谓元范曰:"吾昨夜已为子除母害矣。"乃与元范绕舍遍索,俱无所见。因至坏屋中,碓桯古址,有箭两只。所中箭处,皆有血光。元范遂以火燔之,精怪乃绝。母患自此平复。

所谓碓桯,就是碓臼木架,年头久了变成了怪,能幻化成大鸟飞到房梁上乱啄,让人生病,于是人们便请来了射箭技艺高超的李楚宾来降服。由此可见，无论怪物如何生事，人们还是倾向于"以其人之道，还治其人之身"的办法，彻底将其降服。由此，无论是口头还是文本中就出现了很多能够降妖除怪的高手，其中赫赫有名的当然是齐天大圣——孙悟空：

> 你看这猴王，分开水道，径回铁板桥头，撺将上去，只见四个老猴，领着众猴：都在桥边等待。忽然见悟空跳出波外，身上更无一点水湿，金灿灿的，走上桥来。唬得众猴一齐跪下道："大王，好华彩耶！好华彩耶！"悟空满面春风，高登宝座，将铁棒竖在当中。那些猴不知好歹，都来拿那宝贝，却便似蜻蜓撼铁树，分毫也不能禁动。一个个咬指伸舌道："爷爷呀！这般重，亏你怎的拿来也！"悟空近前，舒开手，一把挝起，对众笑道："物各有主。这宝贝镇于海藏中，也不知几千百年，可可的今岁放光。龙王只认做是块黑铁，又唤做天河镇底神珍。那厮每都扛不动，请我亲去拿之。那时此宝有二丈多长，斗来粗细；被我挝他一把，意思嫌大，他就少了

许多;再教小些,他又小了许多;再教小些,他又小了许多;急对天光看处,上有一行字,乃'如意金箍棒,一万三千五百斤。'你都站开,等我再叫他变一变看。"他将那宝贝颠在手中,叫:"小!小!小!"即时就小做一个绣花针儿相似,可以塞在耳朵里面藏下。众猴骇然,叫道:"大王!还拿出来耍耍!"猴王真个去耳朵里拿出,托放掌上叫:"大!大!大!"即又大做斗来粗细,二丈长短。他弄到欢喜处,跳上桥,走出洞外,将宝贝攥在手中,使一个法天像地的神通,把腰一躬,叫声"长!"他就长的高万丈,头如泰山,腰如峻岭,眼如闪电,口似血盆,牙如剑戟;手中那棒,上抵三十三天,下至十八层地狱,把些虎豹狼虫,满山群怪,七十二洞妖王,都唬得磕头拜礼,战兢兢魄散魂飞。霎时收了法像,将宝贝还变做个绣花针儿,藏在耳内,复归洞府。慌得那各洞妖王,都来参贺。此时遂大开旗鼓,响振铜锣。广设珍馐百味,满斟椰液萄浆,与众饮宴多时。却又依前教演。

(《西游记》第三回)

孙悟空有了金箍棒,可谓见神杀神、见鬼砍鬼,后来被如来佛和观世音菩萨降服并收入唐僧门下,在保护其西天取经的路上斩尽世间妖魔鬼怪,成为降妖伏魔的典型形象之一。

除此之外,《封神演义》中的姜子牙、《济公传》中的活佛济公等都可以算是降妖除魔之典型代表。

见怪不怪

就像前面所讲的,怪毕竟不同于神、仙等高级形象,而且其一般又作为灾祸的代名词,因此在人们"邪不压正"的观念下,怪物的下场依然会是一败涂地甚至永不复生。于是,面对怪,人们可能变现出另外一种态度——不以为怪,也就是不把它们当作怪来看,或者并没有意识到其面对的是怪,这大概缘于怪幻化的本领过于高强,以致人们无法辨识,也就不以为怪了。来看下面这则故事:

唐上都僧太琼者,能讲《仁王经》。开元初,讲于奉先县京遥村,遂止村寺。经两夏,于一日,持钵将上堂。阃门之次,有物坠檐前,时天才辨色,僧就视之,乃一初生儿,其襁褓甚新。僧惊异,遂袖之。将乞村人,行五六里,觉袖中轻,探之,乃一敝帚也。

(《酉阳杂俎·僧太琼》)

平白无故地从天上掉下来个婴儿,毫发无伤,但这位和尚只是吓了一跳,也没有太当回事儿,竟然还"袖之","将乞村人"。不过,人们这种不以为怪的态度,有时也可以带来比较好的结果——他们所见的精怪通常会以复归原形而告终,像上面这个婴儿最终还是变回了一把破扫帚。而往往这个时候,人们才知道自己遇到了精怪。再来看这则故事:

豫章灵官庙,为阛阓幽静之所。庙久残蚀,其肖像有神色,相传非当时人工所能。乞丐无赖常聚于此,夜则樗蒲幺掷之声连宵达旦。耽于博者,往往不计美恶。

陈一士有赌癖，时或囊涩，便觅小局，每一往博。庙中皆破落子，见陈至，咸趋迎之，故陈亦乐就。既而陈赌资愈窘，而入庙频频。庙故无门钥，来者忽去，而去者亦复可来，更柝者不屑稽留巡于此。

时有短须人来博，衣履如胥役状。凡掷皆红，亦不作呼卢势，入手固无不如意。场上皆不识为何许人，问其里居，皆不答。每夜深来入局，晓筹未唱，则兜肚垂垂满腰以去。陈胜及诸人连日颇为所窘。即易局设法，亦无不见负于彼，咸以为异。局人散尾之，至门而忽没。逾夕复来，众乃哗，短须者张皇而遁，后不复来。

会春淫雨弥月，满城舍漏垣颓。庙门有塑泥马二，作两泥鬼羁之。其一鬼短髭，忽身旁马渗倒，腹中钱堆满地上。众争取，约十余缗，举首见泥鬼酷类前之博者，乃悟为此物作祟。

《小豆棚·泥鬼博》

年久失修的庙成了乞丐、无赖们聚众赌博的地方,通宵达旦的热闹惹得庙门前拴马的泥鬼像也动了心思,趁机捞了大把的钱。这么好的手气自然引起了人们的猜疑和愤怒,但也只是把它赶走了事。最终还是原形的破败让这个泥鬼露了馅,人们这才知道这个赌博本领很大的人是个泥像幻化而成的精怪。常言所谓"见怪不怪,其怪自败",十分恰当地说明了这种情况。因此,有时人们也会表现出惊奇但是不怕的态度:

> 蒋惟岳不惧鬼神,常独卧窗下,闻外有人声,岳祝云:"汝是冤魂,可入相见。若是闲鬼,无宜相惊。"于是窣然排户而欲升其床,见岳不惧,旋立壁下,有七人焉。问其所为,立而不对。岳以枕击之,皆走出户,因走趋没于庭中。明日掘之,得破车辐七枚,其怪遂绝。又其兄常患重疾,岳亲自看视,夜深,又见三妇人鬼至兄床前,叱退之,三遍,鬼悉倒地。久之走出,其兄遂愈。
>
> 《广异记·蒋惟岳》

故事里的这个蒋惟岳是个胆子很大的人,他晚上听到外面有声音,不仅不害怕,还和他们聊起天来:"你们要是有冤屈呢,就进来见面聊聊。你们要是闲得无聊就别在这儿吓唬人了!"这些怪物进屋后,站在墙根下也不说话,蒋惟岳便主动用枕头出击,把它们砸跑了。还有的人不仅在面对怪的时候毫不畏惧,甚至主动寻找怪物时常出没地方,杀之以绝后患。如《玄怪录·韦协律兄》这则故事:

> 太常协律韦生,有兄甚凶,自云平生无惧惮耳。闻有凶宅,必往独宿之。其弟话于同官,同官有试之者,且闻延康东北角有马镇西宅,常多怪物,因领送其宅,具与酒肉,夜则皆去,独留之于大池之西孤亭中宿。韦生以饮酒且热,袒衣而寝。夜半方寤,乃见一小儿,长可尺余,身短脚长,其色颇黑,自池中而出,冉冉前来,循阶而上,以至生前。生不为之动,乃言曰:"卧者恶物,直又顾我耶?"乃绕床而行。须臾,生回枕仰卧,乃觉其物上床,生亦不动。逡巡,觉有两个小脚缘于生脚上,冷如冰铁,上彻于

心,行步甚迟。生不动,候其渐行上及于肚,生乃遽以手摸之,则一古铁鼎子,已欠一脚矣。遂以衣带系之于床脚。明旦,众看之,具白其事。乃以杵碎其鼎,染染有血色。自是人皆信韦生之凶而能绝宅之妖也。

韦生的这位哥哥生就一副豹子胆,天不怕,地不怕,专门寻找凶宅一个人去住。有人想试试他,便想把他带到常常有怪物出现的马镇西宅去住。他欣然前往,将一个经过时间的沉淀而幻化成精的铁鼎怪当场拿获,并因此获得"绝宅之妖"的美名。

荀况在《天论》中曾言:"星队、木鸣,国人皆恐。曰:是何也?曰:无何也。是天地之变,阴阳之化,物之罕至者也。怪之,可也;而畏之,非也。"也就是说,反常现象只是阴阳变化的结果,人们可以感到奇怪,但完全没有必要畏惧。因此,在怪与人的对立中,人类始终具有某种优越感,怪终究逃脱不了被驱逐、杀戮、毁灭的命运。而为了彻底捣毁怪,人们的手段也十分决绝。怪必须依附于固定的物质实体,因此要达到彻底灭绝怪的目的,必须找到其依附的实物并完全将之毁掉,或砍或斫或击,直至将其粉碎。当然,毁掉怪的原形最为常见,也是最为有效的办法则是焚烧。究其原因,当是清人纪昀所说的:"盖物久为妖,焚之则精气烁散,不复能聚。或有所凭亦为妖,焚之则失所依附,亦不能灵。"①

最明显的例子便是《夷坚志·刘改之教授》中的古琴:

> 刘过,字改之,襄阳人。虽为书生,而赀财赡足。得一妾,爱之甚。淳熙甲午预秋荐,将赴省试。临岐眷恋不忍行,在道赋《水仙子》一词,每夜饮旅舍,辄使随直小仆歌之。其语曰:宿酒醺醺犹自醉,回顾头来三十里,马儿只管去如飞。骑一会,行一会,断送杀人山共水。是则青衫深可喜,不道恩情拆得未,雪迷前路小桥横。住底是,去底是,思量我了思量你。其词鄙浅不工,姑以写意而已。到建昌,游麻姑山,薄暮独酌,屡歌此词,思想之极,至于

---

① 纪昀:《阅微草堂笔记》,汪贤度点校,上海古籍出版社,1998年版,第371页。

堕泪。二更后,一美女忽来前,执拍板曰:"愿唱一曲劝酒。"即歌曰:别酒未斟心先醉,忍听阳关辞故里。扬鞭勒马到皇都,三题尽,当际会。稳跳龙门三级水。天意令吾先送喜,不审使君知得未,蔡邕博识爨桐声。君背负,只此是,酒满金杯来劝你。盖赓和元韵。刘以龙门之句喜甚,即令再诵,书之于纸,与之欢接。但不晓蔡邕背负之意。因留伴寝,始问为何人?曰:"我本麻姑上仙之妹,缘度王方平蔡经不切,谪居此山,久不得回玉京。恰闻君新制雅丽,勉趁韵自媒,从此愿陪后。"刘犹以辞却之。然深于情,长途远客,不能自制,遂与之偕东,而令乘小轿,相望于百步间。追入都城,僦委巷密室同处。果擢第,调荆门教授以归。过临江,因游阁皂山,道士熊若水修谒,谓之曰:"欲有所言,得乎?"刘曰:"何不可者。"熊曰:"吾善符箓,窃疑随车娘子,恐非人也,不审于何地得之?"刘具以告,曰:"是矣,是矣。俟兹夕与并枕时,吾于门外作法

> 行持,呼教授紧抱同衾人,切勿令窜佚。"刘如所戒。唤仆秉烛排闼入,正拥一琴,顿悟昔日蔡邕之语。坚缚置于傍。及行,亲自挈持,眠食不舍。及经麻姑,访诸道流,乃云:"顷有赵知军携古琴过此,宝惜甚至。因搏拊之际,误触堕砌下石上,损破不可治。乃埋之官厅西偏,斯其物也。"遽发瘗视之,匣空矣。刘举琴置匣,命道众焚香诵经,咒泣而焚之,且作小诗述怀。予案:刘当在詹骙牓中,而登科记不载。

这位美女与刘改之两情相悦,陪伴其赴京城赶考,直至刘改之高中,并无半点加害之意,但当道士告知刘改之此女非人时,他还是逼美人复还原形,并"举琴置匣,命道众焚香诵经,咒泣而焚之,且作小诗述怀"。虽然有些舍不得,但还是将其烧掉,以绝后患。

从现存中国古代小说中关于怪的文本记载可知,由人造物幻化而成的怪物(尤其是器物精怪)最容易在人们"见怪不怪,其怪自败"的态度下消失或是灭绝。请看下表。

中国古代文言小说中的器物精怪故事情节一览表[①]

作品	原形	幻形	表 现	应对措施	结 局
《列异传·细腰》	杵	无	呼问、作祟	焚之	宅遂清安
《搜神记·阳城县吏》[②]	枕、饭甑	无	拍手相呼、夜晚对话	聚烧之	怪遂绝
《搜神记·葛祚碑》	槎	无	横水、破船	立庙、斧	无患
《搜神记·张华》	华表	青衣	劝诫	取之照妖	被伐
《西京杂记》	玉石鱼	鱼	常鸣吼,其未解冻	无	未提
《异苑·徐氏婢》	扫帚	无	从壁角来,趋婢床	取而焚之	未提
《幽明录·江淮妇人》	扫帚	少童	甚鲜洁,如宫小吏者	取而焚之	未提
《幽明录·方相头》	方相头	鬼怪	每夜出现、丑恶	入地尺许	未提
《幽明录·魇》[③]	方相	无	挺动耳目,压人身	一心至念	去
《幽明录·碓柵》	碓柵	物	来还马后	射之	还原

[①] 此表为笔者在能查阅到的相关文献中整理而得,难免挂一漏万,留待日后补充。
[②] 此篇亦见于《太平御览》第七百六十卷,记出于《列异传》。
[③] 此篇亦见于《太平广记》第三百五十八卷,题为《郭氏》。

续表

作品	原形	幻形	表现	应对措施	结局
《幽明录·宫亭庙神》①	神象	蛇	泪出交流、目中血出	使其听经	蛇死、庙绝
《集异记·刘玄》②	枕	乌袴褶	取火、杀人	请师筮之	还原
《集异记·游先朝》	履	人	着赤袴褶	以刀斫之	还原
《集异记·李楚宾》③	碓桯古址	大鸟	引喙啄屋	引弓射之、以火燔之	还原、精怪乃绝
《续齐谐记·桓玄》	一双漆鼓槌	两小儿	相和作芒笼歌	无	还原
《朝野佥载·柳崇》	瓷妓女	妇女	在窗下、问之不应	捣碎而焚之	柳崇病愈
《灵怪集·姚康成》	铫、笛、帚	人	吟诗	推门求之	还原

---

① 此篇亦见于《太平广记》第二百九十五卷,题为《宫亭庙》。
② 此篇与《游先朝》在《太平广记》中记出于南宋郭季产《集异记》,在《古小说钩沉》中记出于唐薛用弱《集异记》。
③ 此篇见于《博异志·集异记》,谷神子、薛用弱撰,中华书局 1980 年版,不见于《太平广记》。

续表

作 品	原形	幻形	表 现	应对措施	结 局
《广异记·韦训》	新妇子	妇人	踰墙而入、摇捉其家先生	金刚经遮身、焚于五达衢	还原、精怪乃绝
《广异记·苏丕女》	彩妇人像	妇人	出游室内	斫之、焚之	血流于地
《广异记·卢赞善》	瓷新妇子	妇人	卧于帐中向童人诉苦	送往寺中供养击碎	未提
《广异记·蒋惟岳》	破车辐七枚	七人	旋立壁下、立而不对	掘之	其怪遂绝
《广异记·韦谅》	故门扇	小鬼	去又来	逐之、掘之	还原
《广异记·商乡人》	明器	鬼	与人同行、报恩	无	未提
《广异记·桓彦范》	败方相	物	手持矛戟、瞋目大唤	奋起呼叫、击	返走、还原
《广异记·李华》	盟器	老人	骑院墙坐、投石	射箭	还原

续 表

作　品	原形	幻形	表　现	应对措施	结　局
《玄怪录·居延部落主》①	皮袋数千	熟人各殊	长人吞短人，肥人吞瘦人，吐一人，吐者又吐一人	尽焚诸袋	为冤痛之音、举家病死
《玄怪录·元无有》	故杵、灯台、水桶、破铛	四人	相与谈谐、吟咏甚畅	无	还原
《玄怪录·韦协律兄》	铁鼎子	小儿	池中而出，冉冉前来	以杵碎其鼎	绝宅之妖
《玄怪录·岑顺》	盟器	人	干戈之事	既而焚之	宅亦不复凶也
《玄怪录·滕庭俊》	秃帚	老父	吟诗、饮酒	无	还原、疾愈
《宣室志·屐化白鸟》	屐	白鸟	飞于屋上	焚之	飞而去

① 此篇仅见于《太平广记》第三百六十八卷，不见于《玄怪录·续玄怪录》中华书局1982年版。

续 表

作 品	原形	幻形	表 现	应对措施	结 局
《宣室志·玉马》	玉马	白驹	直从外来	无	还原
《宣室志·古金缶》	金缶	歌者	音极清越、凄越且久	惊而视之	还原
《宣室志·清江郡叟》	钟	丈夫	托梦、不击忽自鸣	置于开元观	还原
《宣室志·东莱客》	门上狗	一犬	自轩下环庭而走	投石击之	还原
《宣室志·笔怪》①	文笔	一童	上榻、作诗	无	还原
《宣室志·漆桶怪》②	漆桶	一人	俛而坐,居而不动	无	还原
《宣室志·独孤彦》③	铁杵、甑	二丈夫	吐论玄微	无	还原

---

① 此篇亦见于《太平广记》第三百七十卷,题为《崔毅》。
② 此篇亦见于《太平广记》第三百七十卷,题为《河东街吏》。
③ 此篇亦见于《太平广记》第三百七十卷和《艳异编》,均题为《张秀才》。

续表

作 品	原形	幻形	表 现	应对措施	结 局
《博异志·敬元颖》	古铜镜	女子	为妖诱人、供毒龙食	洗净安匣中	无所见
《博异志·张不疑》[①]	盟器	人	卖婢女	尊师作法	张不疑发疾卒
《传奇·卢涵》	盟器	青衣	求偶	毁拆而焚之	未提
《潇湘录·姜修》	酒瓮	一客	造修求酒、狂歌狂舞	无	还原
《潇湘录·马举》	棋局	一叟	策杖诣门、多言兵法	照之、焚之	还原
《潇湘录·王屋薪者》	铁铮、龟背骨	僧、道	争佛道优劣	欲杀之	还原
《酉阳杂俎·僧太琼》	敝帚	初生儿	有物坠榻前	遂袖之	还原
《酉阳杂俎·华阴村正》	破车轮六七片	群小儿	聚火为戏	射之	还原
《酉阳杂俎·国子监生》	敝木杓	小儿	戏弄笔砚	擒之	还原

---

① 此篇见于《太平广记》第三百七十二卷,记原阙出处,明抄本云出《博异志》,《古今怪异集成》记出于《博异记》。

续 表

作 品	原形	幻形	表 现	应对措施	结 局
《酉阳杂俎·姚司马》	乌革囊、皂袋子	两男子	与二女狎昵	焚杀	女愈
《桂林风土记·石从武》	灯檠	一人	自外来	射之、焚	还原、患者愈
《开天传信记·魏秀才》	盈瓶酼酝	措大	抗声谈论、援引今古	小剑击之	还原
《大唐奇事·虢国夫人》	木人	猿、小儿	旦夕在夫人左右	射杀之	还原
《杜阳杂编》	龙角钗	龙	紫云自钗上生	以水喷之	腾空东去
《玉堂闲话·南中行者》	九子母像	美妇人	晚引同寝	坏之	不复见
《玉堂闲话·吉州渔者》	蒲牢	无	斗伤江龙	无	还原
《北梦琐言》	冥器婢子	美人	诱惑人	道士授符、焚	还原、妖乃绝
《云斋广录·魏大谏见异录》	破钵盂	人	且悲且啸、或毃或舞	射之	还原
《云斋广录·甘陵异事》	灯檠	妇人	诵诗、与生就寝	焚之	其怪遂绝

续表

作　品	原形	幻形	表　现	应对措施	结　局
《邵氏闻见后录》	铁幞头	巨人	遇人必撕裂之	迫逐之	还原
《夷坚志·无足妇人》	铛鼎	妇人	敏捷工致、一家怜爱	挥剑击之	长啸而去
《夷坚志·土偶胎》	土偶	妇人	携手入屏后狎昵	柱杖击之	扑地
《夷坚志·乐桥妖》	铜铃	人	扰贫家女	击碎弃之	女疾遂愈
《夷坚志·皂衣髻妇》	古铛	妇人	谑浪嘻笑、通绸缪之意	碎之	自此物所睹
《夷坚志·刘十二》	古石砻	怪物	从外门而入勃窣造亭际	取斧推碎之、举而掷江中	戢戢流清血、怪不复至
《夷坚志·刘改之教授》	古琴	美人	歌诗、随车而行	道士作法，焚	未提
《夷坚志·鄂干官舍女子》	剥风板	美女子	相顾而笑、即有相就意	取斧斫而焚之	怪遂绝迹
《夷坚志·萧县陶匠》	土偶	陶匠	制作规范、过绝于人	无	还原

续表

作　品	原形	幻形	表　现	应对措施	结　局
《湖海新闻夷坚续志·泥孩儿怪》	压被孩儿	少年	侵步帐西、引诱女子	碎而投诸河	其怪遂绝
《湖海新闻夷坚续志·法诛土偶》	土偶	人	与女狎昵	投巫、佩符	为神捉去
《剪灯新话·牡丹灯记》	明器婢子	丫鬟	挑双头牡丹灯伴美人	法师授符	赴九幽之狱
《剪灯余话·五平灵怪录》	泥象、砚、笔、铫、甑、被、木鱼、棺材、旧扇	僧、村民	吟诗、作赋	无	得重病、卒
《鸳湖志余雪窗谈异·招提琴精记》	古琴	女子	歌、至而泣下	无	还原
《古今清谈万选·灯神夜话》	灯	美人	谈论、劝说	挥剑砍之	还原
《幽怪诗谭·战场古迹》	剑、弓、旌旗	三叟	谈论、吟诗	无	没入泥中、还原
《艳异编·阮文雄》	琴、瑟、琵琶	三美人	吟诗	无	还原

续表

作品	原形	幻形	表现	应对措施	结局
《艳异编·寨绒志》	敝帚	美女	与僧交合	鸣铃诵咒	还原
《艳异编·牛邦本》	牛骨、鞋、砖	人	挠一女	发火炙杀之	哀声震瓮
《艳异编·石占娘》	砧杵	女子	献诗、与人共寝	无	还原
《聊斋志异·泥鬼》	泥鬼	人	附身、索眼球	还眼球	未提
《聊斋志异·泥书生》	泥书生	人	就妇共寝	击之	已渺
《聊斋志异·土偶》	土偶	人	欠伸而下、与女生一子	无	永诀
《子不语·不倒翁》	不倒翁	短人	偷窃	以手撮之	奔窜而散
《子不语·棺盖飞》	棺盖	无	似风车飞、盘旋	焚以烈火	怪乃灭
《子不语·磴怪》	旧坐磴	人	蹑人后、仰天微睇	力掀之击而碎之	倒地而没其怪遂绝
《子不语·泥刘海仙行走》	泥塑	无	下地行走	欲毁弃之未果	绝无他故
《子不语·甌怪》	甌	人	视下而笑、摇其体	投之火	怪遂绝

续表

作品	原形	幻形	表现	应对措施	结局
《子不语·泥像自行》	泥塑	无	渡船	加彩绘、另祀	未提
《萤窗异草·镜中姬》	古镜	美人	唱歌、自解其衣	置之铁椟中	丢失
《夜谈随录·纸钱》	纸钱	粉蝶	翩翩飞绕	无	倒毙二人
《耳食录·红裳女子》	败鼓	女子	柔曼缠绵、妖媚百出	破之	怪遂绝
《耳食录·施建昌》	戏具	小人	席地对饮、谈话	碎之	有声有血
《小豆棚·泥鬼博》	泥鬼	人	赌博	无	还原
《阅微草堂笔记·滦阳消夏录》	旧玉马	无	左足忽伸出、屈还故形	投炽炉中	高氏渐式微
《阅微草堂笔记·如是我闻》	秃笔	物	火光荧荧、旋转如轮	举铳中之	还原
《阅微草堂笔记·如是我闻》	雕牙秘戏像	男女	男女嬉狎	不复追求	未提
《阅微草堂笔记·如是我闻》	帚	女子	买花	锉而焚之	血出如缕
《阅微草堂笔记·槐西杂志》	破瓮	似人非人	向门立	发铳一击	堕裂

续表

作 品	原形	幻形	表 现	应对措施	结 局
《阅微草堂笔记·槐西杂志》	偶人、泥人	美人、女	来往自行、女携四五小儿游戏	焚、无	嘤嘤作痛声、还原
《阅微草堂笔记·姑妄听之》	木偶	人	跳舞院中、做演剧之状	叱之、焚	了无他异
《右台仙馆笔记》	盆、如意、碗	无	夜半出声	无	嗣后声遂不作
《右台仙馆笔记》	棺木	人	盘旋室内、逼近床前	抱、焚	怪遂绝
《右台仙馆笔记》	纸牌	无	为病人所见	焚	病人不复言
《醉茶志怪·林某》	败棺板	物	说话、喝酒	毁之	怪绝
《醉茶志怪·红衣女》	塑像	美人	随风飞舞、冲霄而去	无	未提
《醉茶志怪·白衣妇》	白杨棺板	少妇	渡河	火之	舟子溺死
《醉茶志怪·泥女》	石赑屃	女子	扣扉请入、笑坐生膝	无	还原

续 表

作品	原形	幻形	表现	应对措施	结局
《醉茶志怪·棺怪》	棺	不一	为祟	以脚踢之	急奔而没
《醉茶志怪·刘姓》	败棺板	物	飞动、旋转复回	投钱	还原
《醉茶志怪·龚姓》	棺板	女子	求伯负其渡水	斧之	未提
《醉茶志怪·陈氏怪》	纸糊不倒翁	老翁	绕地旋转	毁之	怪绝
《醉茶志怪·泥娃》	泥娃	无	啼声甚厉	以为灵爽	未提
《醉茶志怪·焦某》	泥塑小圈、烟盒	烟馆、人	卖烟	无	还原
《醉茶志怪·泥桃》	泥桃	无	跳跃如抛球	无	自灼化为顽泥
《醉茶志怪·土偶》	土偶	妇人	倚门呜咽	毁其像	乃安
《醉茶志怪·草偶》	草偶	巨人	偷菽麦而食	火之	怪遂绝

　　从上表统计可知,"怪"(尤其是幻化后超自然能力较低者)和"仙"、"妖"、"魔"等还是具有一定意义上的差别,最明显的表现即它们极容易在人们出于功利及自我保护的态度之下被灭绝或是自动消失。

第五篇　怪韵流变

怪,作为中国古代小说和民间故事中常见的形象,有其自身的发展历程,其中透露出来的正是历史演变的痕迹和精神投射的光芒。

与怪之族群的庞大相呼应的是怪之形象的多变,而且由于中国古代小说、民间故事和传说随历史和社会的变迁不断发展,因此怪物的形象也随之不断地发生着变化。

精怪混沌体

上古时期,中国的各类口头传说和文本文献中便开始有各种关于奇异物体的记载,这与人类的原始思维方式息息相关。按照"互渗律"解释是具有相同特征和内在联系的事物,在先民思维中容易发生混溶[1],于是就造成了这一时期的精怪形象的一大特点——综合,即怪的形象通常是各种动物形象杂合的混沌体,而此时关于"妖"、"精"、"怪"的分界也并不

---

[1] 列维·布留尔:《原始思维》,商务印书馆,1981年版,第32页。

明晰,往往都是混合而谈,比如最早描绘精怪形象的文献《白泽图》中所记载的一系列精怪:

> 厕之精名曰依倚,青衣持白杖,知其名呼之者除,不知其名则死。
>
> 火之精名必方,状如鸟,一足,以其名呼之即去。
>
> 木之精名彭侯,状如黑狗,无尾,可烹之,食之千载。
>
> 玉之精名岱委,其状如美女,衣青衣,见之以桃戈刺之,而呼其名则得。
>
> 金之精名仓,状如豚,居人家,使人不宜妻,以其名呼之即去。

这些精怪有的状似动物,有的形同人类,形象各异,却又带有各类动物的一些特征,是比较符合当时人们思维方式的怪的形象。

另外,此时期的怪物还有一个特点——非幻化而成,即怪物并不是通过变化而来的。来看《白泽图》记载的下面一组精怪：

> 故门之精名野，状如侏儒，见人则拜，以名呼之，宜饮食。
>
> 故宅之精名曰挥文，又曰山冕，其状如蛇，一身两头，五采文，以其名呼之，可使取金银。
>
> 故废丘墓之精名曰元，状如老役夫，衣青衣，而杵好舂，以其名呼之宜禾穀。
>
> 故道径之精名忌，状如野人，以其名呼之，使人不迷。
>
> 故池之精名意，状如豚，以其名呼之即去。
>
> 故井之精名观，状如美女，好吹箫，以其名呼之即去。
>
> 故台屋之精名两贵，状如赤狗，以其名呼之，使人目明。

这里所记载的精怪，并不是由门、宅、丘墓、道径、池、井、台屋等物体幻化而来,而是在其中本就有怪生成或者居住,只能说是最简单意义上的怪的形象。当然,即使是具有生命的植物,此时也并不被认为是幻化成怪,而是仅仅为生成的怪物提供一个藏身之地:

> 吴先主时,陆敬叔为建安太守,使人伐大樟树,不数斧,忽有血出。树断,有物人面狗身,从树中出。敬叔曰:"此名彭侯。"乃烹食之,其味如狗。《白泽图》曰:"木之精名彭侯,其状如黑狗,无尾,可烹食之。"

由此可见,此时期的树怪还只是居住在树中的一种状如黑狗的怪物,并非由树木幻化生成为怪物。因此,此时的怪也就很容易与神物混淆。神物幻想是存在于原始社会中的一种普遍观念。神与神物是原始神话中两大基本内容,没有神物,神明便没有表现其超自然能力的工具,比如女娲用以补天的五色石、鲧用以治水的息壤等等。因此,在当时人们的心目中,许多和生活有关系的动植物以及原始工具都可能

具有奇异功能,从而成为神物,如《山海经·大荒东经》曾这样记载:

> 东海中有流波山,入海七千里。其上有兽,状如牛,苍身而无角,一足,出入水则必风雨,其光如日月,其声如雷,其名曰夔。黄帝得之,以其皮为鼓,橛以雷兽之骨,声闻五百里,以威天下。

黄帝与蚩尤作战,夔皮鼓起到了神奇的功效,成为有名的神物。宝物也是一种具有灵性的工具,它是神物幻想发展到文明社会的继承物,其一大特点便是与宗教法术密切地结合在一起。原始社会初期,法术即存在,先民本能地认为,各种非生物乃至自己制作的石、骨、木、玉器等同人一样是活的,因而企图通过一些简单的模拟巫术或接触巫术获得特定的效益。

英国人类学家爱德华·泰勒在探讨"万物有灵论"时曾经提到:"在理论上将那种把物体的作用归之于其本身灵魂或精灵的意愿或力量的概念,跟那种关于某种外来的、附入物体并用它作为工具的精灵的概念区别开来是可能的。"①因此,上古时期的怪之形象主要呈现后一种态势,或可称之为"准怪物"。也就是说,这个时期的怪,并不强调它们的化生过程,而是单纯地描写怪物生成后的形象和行为。

法术畅行

秦汉时期,各类宗教信仰开始在中国兴起和传播,它们自身的发展以及相互的影响在古代小说和民间故事中多有体现,尤其是佛教和道教,更是对精怪故事的创作产生了极大的影响。

佛道大兴,与其相关的高僧异道、神变幻术也开始逐渐进入人们的视野和思维,比如《晋书·艺术传》所记载的高僧多精通幻术,神异程度之高令人咋舌。这一现象也直接影响

---

① [英]爱德华·泰勒:《原始文化》,广西师范大学出版社,2005年版,第527页。

到志怪叙述中关于怪物形象的描绘,其中最主要的一点即怪物开始具备幻化的本领,这也成为其最鲜明的个体特质之一:"妖怪者,盖精气之依物者也,气乱于中,物变于外,形神气质,表里之用也。"[①]也就是说,怪开始慢慢成为以某物为载体逐渐变化而成。来看这则故事:

> 太和中,有从事江夏者,其官舍尝有怪异。每夕,见一巨人身尽黑,甚光。见之即悸而病死。后有许元长者,善视鬼。从事命元长以符术考召。后一夕,元长坐于堂西轩下,巨人忽至,元长出一符飞之,中其臂。劐然有声,遂堕于地。巨人即去。元长视其堕臂,乃一枯木枝。至明日,有家僮谓元长曰:"堂之东北隅,有枯树焉,先生符今在其上。"即往视之,其树有枝梢折者,果巨人所断臂也。即伐而焚之,宅遂无怪。
>
> (《宣室志·江夏从事》)

---

① 干宝:《搜神记》,汪绍盈校注,中华书局,1979年版,第67页。

与之前提及的《白泽图》中的"彭侯"相比,同样是由树木而生成的怪,但是在这个故事里的形象已然具备幻化之本领了。与此同时,宗教中的幻术也很容易造成人造物幻化而成的怪物和法器、法宝的混淆。法器起源于巫术,在简单的巫术逐渐形成体系之后,其所运用的工具越来越复杂,越具"神力",被称为法器,而常见的法器有铃、剑、鼓、镜等。[1]

道教产生以后,巫术又与某些道教行为结合在一起,法器也为道教所发展和运用,成为仙、道手中不可或缺的法宝。通常是主人一作法,宝物便可以自动行事,如《封神演义》中"陆压献计射公明"中的宝葫芦:

> 陆压被三火烧有两个时辰,在火内作歌。歌曰:"燧人曾炼火中阴,三昧攒来用意深。烈焰空烧吾秘授,何劳白礼费其心?"白天君听得此言,着心看火内,见陆压精神百倍,手中托着一个葫芦,葫芦

---

[1] 张紫晨:《中国巫术》,上海三联书店,1990年版,第42—46页。

内有一线毫光,高三丈有余,上边现出一物,长有七寸,有眉有目,眼中两道白光反罩将下来,钉住了白天君泥丸宫。白天君不觉昏迷,莫知左右。陆压在火内一躬:"请宝贝转身!"那宝物在白光头上一转,白礼首级早已落下尘埃。

一般来讲,宝物属于人造物,但它们与人造物生成的怪有着很大的区别:宝物的神奇能力通常借助于其主人的法术咒语;而人造物生成的怪则由器物幻化为生命个体,而且这种幻化能力是一个自主的过程。另外,宝物只是机械地具有神奇能力,而人造物成怪以后是真正从无生命、无灵性转化为有生命、有灵性的个体。

除此之外,佛教通过动物和人的互变宣扬因果报应,道教通过动物修炼成仙宣扬道家法术,这使得怪的形象开始呈现出人化的趋势,无论原形为何,生成的怪多为人形,来看收录在《潇湘录》中的这则故事:

王屋山有老僧,常独居一茅庵,朝夕持念,唯采药苗及松实食之。每食后,恒必自寻溪涧以澡浴。数年在山中,人稍知之。忽一日,有道士衣敝衣,坚求老僧一宵宿止。老僧性僻,复恶其尘杂甚,不允。道士再三言曰:"佛与道不相疏,混沌已来,方知有佛。师今佛弟子,我今道弟子,何不见容一宵,陪清论耳?"老僧曰:"我佛弟子也,故不知有道之可比佛也。"道士曰:"夫道者,居亿劫之前,而能生天生人生万物,使有天地,有人,有万物,则我之道也。亿劫之前,人皆知而尊之,而师今不知,即非人也。"老僧曰:"我佛恒河沙劫,皆独称世尊。大庇众生,恩普天地,又岂闻道能争衡?我且述释迦佛世尊,是国王之子。其始也。舍王位,入雪山,乘曩劫之功,证当今之果。天上天下,唯我独尊。故使外道邪魔,悉皆降伏。至于今日。就不闻之。尔之老君,是谁之子?何处修行?教迹之间,未闻有益,岂得与我佛同日而言?"道士曰:"老君降生于天,为此劫之道祖,始出于周。浮紫气,乘白鹿,人孰不闻?至于三岛之事。十洲之景,三十六洞之神仙,二十四化之灵异,五尺童子,皆能知之。岂独师以庸庸之见而敢蔑耶?若以尔佛,舍父逾城,受穿膝之苦,而与外道角胜,又安足道哉?以此言之,佛只是群魔之中一强梁者耳。我天地人与万物,本不赖尔佛而生。今无佛,必不损天地人之万物也。千万勿自言世尊,自言世尊,世必不尊之,无自称尊耳。"老僧作色曰:"须要此等人。设无此等。即顿空却阿毗地狱矣。"道士大怒,伸臂而前,拟击老僧。僧但合掌闭目。须臾,有一负薪者过,见而怪之,知老僧与道士争佛道优劣。负薪者攘袂而呵曰:"二子俱父母所生而不养,处帝王之土而不臣,不耕而食,不蚕而衣,不但偷生于人间,复更以他佛道争优劣耶。无居我山,挠乱我山居之人。"遂遽焚其茅庵,仗伐薪之斧,皆欲杀之。老僧惊走入地,化为一铁铮。道士亦寻化一龟背骨,乃知其皆精怪耳。

故事讲的是王屋山有一位老僧人,平常独自住着一所茅草庵,朝夕念经,只采药草和松子来吃。每吃完一顿饭之后,总是要自己寻一处溪涧来洗澡。他几年里一直住在山里,很少有人了解他。忽然有一天,有一位穿破旧衣服的道士,坚决要求老僧让他在庵中住一宿。老僧性格孤僻,又讨厌道士有很多尘俗之气,不答应。道士再三要求道:"佛教和道教不疏远,开天辟地以来才知道有佛。你现在是佛门弟子,我现在是道家弟子,为什么不能容我一宿,陪伴你清谈呢?"老僧说:"我是佛门弟子,不知道有道家能比上佛家的地方。"道士说:"道,产生在亿劫之前,能生天生人生万物,使人间有了天,有了地,有了万物。这就是我们的道。亿劫之前,人都知道它,尊重它,而你现在还不知道,就不是人了!"老僧说:"我佛在天竺国恒河沙劫之后,人们都称他为世尊。他广泛地庇护众生,恩泽普及天地,又哪里听说道能和他抗衡?我暂且说一说释迦佛世尊,他是国王的儿子,当初一开始的时候,他舍弃了王位,进入雪山,趁过去大劫修炼的功夫,证明当今的现实。天上地下,只有我为尊。所以让邪魔外道全都降服。

到了现在,就不知道他了。你的太上老君是谁的儿子?他在什么地方修行?他的传道事迹中,没听说有好处的,怎能和我佛同日而语?"道士说:"太上老君降生在天上,他作为这一劫的道祖,是从周朝开始的。他飘浮在紫气之上,骑着白鹿,人谁没听说过?至于三岛之事、十洲之景、三十六洞的神仙、二十四化的灵异,五尺的儿童都知道,难道只有你以庸俗的见解就敢蔑视?如果要说你佛,他舍弃父亲丢掉城池,受穿透膝盖的痛苦,而又与外道争强斗胜,又哪里值得一说呢?从这方面讲,佛只是群魔之中的一个强盗罢了。我们的天、地、人以及万物,本不是依靠你的佛而生的。现在没有佛,一定不会给天、地、人以及万物带来什么损失。千万不要自己说是世尊。自己说是世尊,世一定不尊,不要自称尊了!"老僧变了脸色说:"须要这样的人,假设没有这样的人,就顿时把空门变成阿毗地狱了。"道士非常生气,伸手臂向前,打算打老僧。老僧只是合掌闭着眼睛。不一会儿,有一个背着柴的人路过,见了这二人觉得奇怪,知道是老僧和道士争佛和道的优劣,就捋起袖子呵斥他们说:"你们两个都是父母生的,但是不奉养父母。都住在帝王的土地上,但是不对帝王称臣。不耕田而吃饭,不养蚕而穿衣。不但在人世间苟且偷生,而且还要为佛道争优劣吗?不要住在我山上,扰乱我居住在山上的人!"于是就迅速烧了那茅庵,拿着砍柴的大斧,要把他们全杀了。老僧吓得跑进地里,变成一个铁铮;道士很快变成一块龟背骨,这才知道他们都是精怪。这里的铁铮和龟背骨变怪后不仅能幻化成完全的人形,而且以一僧一道的形象出现,争论佛道高低,可见宗教对志怪小说影响之大。

人化之怪

自唐开始,随着社会的发展,文学作品的形式和内容也发生了极大的变化。传奇体小说的成形标志着文人创作小说的成熟,其中对于怪的描绘也得到了质的突破:"最初出现精怪的文字记载,基本上是讲其形状、名称和对付方法;到魏晋以后,才大量出现有关精怪的故事描述,小说史上称为志怪;迨及隋唐的传奇,方出现对精怪题材的用心的刻画、创造。"① 文人的着意创作使得小说增添了更多的魅力和特色,逐渐向着神怪渐淡、人情渐浓的方向发展。在这一潮流的影响下,怪的形象的发展也逐渐由人化而进为人格化,即怪不仅仅具备人的外形,而且开始拥有人的思想和情感。试看《夷坚志》中的这个土偶:

> 邹氏,世为允人,至于师孟,徙居徐州萧县北之白土镇,为白器窑总首,凡三十余窑,陶匠数百。一匠月阮十六,禀性灵巧,每制作规范,过绝于人。来买其器者价值加倍。又祗事廉且谨,师孟益爱之,遂妻以幼女。历数岁,生男女三人。既皆长大,而阮之年貌俨不少衰,众颇疑其异,谓非人类,虽师孟亦惑颜。唯妻溺于爱,无所觉。阮或出外,不持寸铁,登山陟巘,渡水穿林,未尝恐怖蛇虎。萧沛土俗,多以上巳节群集郊野,倾油于溪水不流之处,用

---

① 刘仲宇:《中国精怪文化》,上海人民出版社,1997年版,第349页。

占一岁休咎,目曰油花卜。阮尝同家人此日出游,抵张不来山,见鹿鸣呦呦,意气踊跃。及暮还舍,语妻曰:"我欲归乡省父母,暂与汝别。只来州城下保宁寺罗汉洞府伏虎禅师边求我。"妻固留之,翩然而去。后二年,师孟携家诣保宁,设水陆斋。幼女忆阮,同母入洞,瞻伏虎像旁一土偶,以手加虎额,容色体态,悉阮生也。始知其前时幻变云。

这个土偶幻化成人后,不仅手艺高超,而且为人谨慎,甚得师傅的宠爱,不问其身世就把小女儿许配给了他。夫妇相敬如宾,十分恩爱,即便是在众人对其"年貌俨不少衰"怀疑的情况下,妻子还是非常信任他,使得其在人间的生活可谓完满、幸福。但大概是做人做得太成功,也得了人的思想和感情,居然动了归乡探望父母的念头,不能不说人情味十足。将精怪的人格化发展到极致的乃是清代蒲松龄所著的《聊斋志异》,其中的精怪原形多样、幻形各异,却始终脱离不了一个主题——善与美:"蒲松龄笔下绝大多数精怪成为善与美的化身,成为现实人世'心向慕之'的理想人物,拓展了精怪在世间活动的广阔空间。"① 来看《聊斋志异·青凤》这则故事：

> 太原耿氏，故大家，第宅弘阔。后凌夷，楼舍连亘，半旷废之，因生怪异，堂门辄自开掩，家人恒中夜骇哗。耿患之，移居别墅，留一老翁门焉。由此荒落益甚，或闻笑语歌吹声。
>
> 耿有从子去病，狂放不羁，嘱翁有所闻见，奔告之。至夜，见楼上灯光明灭，走报生。生欲入觇其异，止之不听。门户素所习识，竟拨蒿蓬，曲折而入。登楼，初无少异。穿楼而过，闻人语切切。潜窥之，见巨烛双烧，其明如昼。一叟儒冠南面坐，一媪相对，俱年四十余。东向一少年，可二十许。右一女郎，才及笄耳。酒馔满案，围坐笑语。生突入，笑呼曰："有不速之客一人来！"群惊奔匿。独叟诧

---

① 郑春元：《〈聊斋志异〉中精怪形象的塑造方法新探》，载《〈聊斋志异〉研究》，2008年第1期，第17页。

问:"谁何入人闺闼?"生曰:"此我家也,君占之。旨酒自饮,不邀主人,毋乃太吝?"叟审谛之,曰:"非主人也。"生曰:"我狂生耿去病,主人之从子耳。"叟致敬曰:"久仰山斗!"乃揖生入,便呼家人易馔,生止之。叟乃酌客。生曰:"吾辈通家,座客无庸见避,还祈招饮。"叟呼:"孝儿!"俄少年自外入。叟曰:"此豚儿也。"揖而坐,略审门阀。叟自言:"义君姓胡。"生素豪,谈论风生,孝儿亦倜傥,倾吐间,雅相爱悦。生二十一,长孝儿二岁,因弟之。叟曰:"闻君祖纂《涂山外传》,知之乎?"答曰:"知之。"叟曰:"我涂山氏之苗裔也。唐以后,谱系犹能忆之;五代而上无传焉。幸公子一垂教也。"生略述涂山女佐禹之功,粉饰多词,妙绪泉涌。叟大喜,谓子曰:"今幸得闻所未闻。公子亦非他人,可请阿母及青凤来共听之,亦令知我祖德也。"孝儿入帏中。少时媪偕女郎出,审顾之,弱态生娇,秋波流慧,人间无其丽也。叟指媪曰:"此为老荆。"又指女郎:"此青凤,鄙人之犹女也。颇慧，所闻见辄记不忘，故唤令听之。"生谈竟而饮，瞻顾女郎，停睇不转。女觉之，俯其首。生隐蹑莲钩，女急敛足，亦无愠怒。生神志飞扬，不能自主，拍案曰："得妇如此，南面王不易也！"媪见生渐醉益狂，与女俱去。生失望，乃辞叟出。而心萦萦，不能忘情于青凤也。

至夜复往，则兰麝犹芳，凝待终宵，寂无声咳。归与妻谋，欲携家而居之，冀得一遇。妻不从。生乃自往，读于楼下。夜方凭几，一鬼披发入，面黑如漆，张目视生。生笑，拈指研墨自涂，灼灼然相与对视，鬼惭而去。次夜更深，灭烛欲寝，闻楼后发扃，辟之閜然。急起窥觇，则扉半启。俄闻履声细碎，有烛光自房中出。视之，则青凤也。骤见生，骇而却退，遽阖双扉。生长跪而致词曰："小生不避险恶，实以卿故。幸无他人，得一握手为笑，死不憾耳。"女遥语曰："惓惓深情，妾岂不知？但吾叔闺训严谨，不敢奉命。"生固哀之，曰："亦不敢望肌肤之亲,但一见颜色足矣。"女似肯可,启关出,捉其臂而曳之。生狂喜,相将入楼下,拥而加诸膝。女曰:"幸有夙分,过此一夕,即相思无益矣。"问:"何故?"曰:"阿叔畏君狂,故化厉鬼以相吓,而君不动也。今已卜居他所,一家皆移什物赴新居,而妾留守,明日即发矣。"言已欲去,云:"恐叔归。"生强止之,欲与为欢。方持论间,叟掩入。女羞惧无以自容,挽手依床,拈带不语。叟怒曰:"贱辈辱我门户!不速去,鞭挞且从其后!"女低头急去,叟亦出。生尾而听之,诃诟万端,闻青凤嘤嘤啜泣。生心意如割,大声曰:"罪在小生,与青凤何与!倘宥青凤,刀锯铁钺,愿身受之!"良久寂然,乃归寝。自此第内绝不复声息矣。生叔闻而奇之,愿售以居,不较直。生喜,携家口而迁焉。居逾年甚适,而未尝须臾忘青凤也。

　　会清明上墓归,见小狐二,为犬逼逐。其一投荒窜去;一则皇急道上,望见生,依依哀啼,葛耳辑首,似乞其援。生怜之,启裳衿提抱以归。闭门,置床上,则青凤也。大喜,慰问。女曰:"适与婢子戏,遘此大厄。脱非郎君,必葬犬腹。望无以非类见憎。"生曰:"日切怀思,系于魂梦。见卿如得异宝,何憎之云!"女曰:"此天数也,不因颠覆,何得相从?然幸矣,婢子必言妾已死,可与君坚永约耳。"生喜,另舍居之。

积二年余,生方夜读,孝儿忽入。生辍读,讶诘所来,孝儿伏地怆然曰:"家君有横难,非君莫救。将自诣恳,恐不见纳,故以某来。"问:"何事?"曰:"公子识莫三郎否?"曰:"此吾年家子也。"孝儿曰:"明日将过,倘携有猎狐,望君留之也。"生曰:"楼下之羞,耿耿在念,他事不敢预闻。必欲仆效绵薄,非青凤来不可!"孝儿零涕曰:"凤妹已野死三年矣。"生拂衣曰:"既尔,则恨滋深耳!"执卷高吟,殊不顾瞻。孝儿起,哭失声,掩面而去。生如青凤所,告以故。女失色曰:"果救之否?"曰:"救则救之。适不

之诺者,亦聊以报前横耳。"女乃喜曰:"妾少孤,依
叔成立。昔虽获罪,乃家范应尔。"生曰:"诚然,但
使人不能无介介耳。卿果死,定不相援。"女笑曰:
"忍哉!"次日,莫三郎果至,镂膺虎韔,仆从甚赫。
生门逆之。见获禽甚多,中一黑狐,血殷毛革。抚
之皮肉犹温。便托裘敝,乞得缀补。莫慨然解赠,
生即付青凤,乃与客饮。客既去,女抱狐于怀,三日
而苏,展转复化为叟。举目见凤,疑非人间。女历
言其情。叟乃下拜,惭谢前愆,喜顾女曰:"我固谓
汝不死,今果然矣。"女谓生曰:"君如念妾,还祈以
楼宅相假,使妾得以申返哺之私。"生诺之。叟赧然
谢别而去,入夜果举家来,由此如家人父子,无复猜
忌矣。生斋居,孝儿时共谈宴。生嫡出子渐长,遂
使傅之,盖循循善教,有师范焉。

这个故事里描写的两个狐狸精颇具人情味,无论是与人
相恋的青凤还是家风严谨的胡先生,都堪称是具有人类思想
和情感的典型形象,而《聊斋志异》中的这类形象不在少数,

比如大家熟知的小翠、婴宁等。

一般来说,在最初的叙述中,怪的出现往往只是表现人们观念中对于怪的认识和想象。但在文人笔下,怪被赋予了特定的象征意义,文人通过叙述怪的种种表现和经历来表达自己的观点和意见,借以言志、劝谕和警示。《醉茶志怪》中有一则故事讲述刘某路经旷野时遇到一个棺板怪,对其不停地攻击,情急之下他只好用怀中布巾裹着的三百多钱朝其投去,棺板怪便铿然倒地。故事后面便附有作者的小段议论:

> 醉茶子曰:投之以钱,颓然而倒。岂败棺板亦好货乎?予尝见世之贪官污吏,其怒也暴,其来也猛,投钱而辄解者,与败棺板何以异哉?

显然,这则棺板怪的故事已经不仅仅是描绘人们想象中的怪形象及作为,而是上升到讽刺和劝诫世人的意义上来了。

从物性的简单叠加到变化的形式多样再到明显的人格化,从简笔记录到着意描绘再到刻意塑造,怪的形象一步一步丰富,怪所承载的个人情感和社会意义也一步一步深化。

怪信仰积淀

古代文献中描写的怪具有类似于人的思想、情感、生活等,同其他妖魔鬼怪一样,本质上也作祟于人,并遭到人的厌镇和剿灭。怪的特点既来自原始宗教观念的形塑,也受佛、道二教的侵染,并包含着古代文人的自我意识。在统治力量和正统宗教的长期围剿下,怪逐渐被异端化,与此同时人们对待怪的态度又彰显了人类自我意识的张扬。

◎ 原始思维启蒙

在中国古代小说中,对怪的描写比较常见。怪形象的出现实际上是一种宗教性思维模式和信仰意识的体现,正如明人方以智在《物理小识·神鬼方术类》所言:"何神乎? 积想不已,能生胜气,人心无形,其力最大,是也。故曰:有体物之鬼神,即有成能之鬼神,即有作怪之鬼神,权在自己。"[1]法国著名人类学家列维·斯特劳斯在《野性的思维》一书中论述"土著思想赋予其意指作用的事物被看作是显示着某种与人的类似性"这一观点时,曾引用詹尼斯的话说明:奥尼布瓦人所相信的存在一个超自然事物的世界"和人一样都是属于宇宙自然秩序的,因为它们在拥有理智和情感方面与人相似。它们像人一样也分男和女,而且其中某一些还有自己的家庭,它们中间有些被束缚在固定的地点上,有些则任意移动位置"[2]。这里所提到的"土著"和"奥尼布瓦人"都是原始民族的典型代表,而他们的思维无疑代表了原始思维方式的主要特征之一——拟人化,即将世事万物都人格化:

> 他们还赋予没有生命的东西以语言能力,猎人在查看捕兽器时不应该唱歌,否则,等猎人走后,捕

---

[1] 方以智:《物理小识·神鬼方术类》,载《景印文渊阁四库全书·子部》,第八百六十七册,台湾商务印书馆,1986年版,第972页。
[2] 列维·斯特劳斯:《野性的思维》,商务印书馆,1987年版,第45页。

兽器就会模仿他放声高唱,从而会把北极狐赶跑。

　　印第安人不仅相信各种动物会说话,而且相信人与动物能够通婚。"我们知道动物做些什么,海狸、熊、鲑和其它动物需要什么,因为很久以前人已经和它们结了婚,并从动物妻子那里获得了这种知识。"

无论是火还是海狸、熊、鲑,原始思维方式使他们在人的观念中都有了与人大致对等的特征,而"万物有灵论"则为这一思维加重了砝码。英国人类学家爱德华·泰勒提出"万物有灵观",用以解释宗教的起源。他认为,原始人根据死亡、梦境等现象得出灵魂观念,并将之推及万物,从而产生万物有灵的观念。① 中国宗教学者吕大吉应用个人体验生动地描述了这一过程:"在这个问题上,对于自己童年时代情况的回

---

① 关于万物有灵的观点,详见《原始文化》一书的第十一章至第十七章,〔英〕爱德华·泰勒著,连树声译,谢继胜、尹虎彬、姜德顺校,广西师范大学出版社,2005年版,第341—688页。

忆可以为我们提供最好的指南。那时,我们常常自然而然地把棍棒、椅子和玩具之类非生命事物当成活生生的人物。通过人性的外推与泛化,人把生命力或灵魂赋予外间事物。不仅赋予有生命力的动物和植物,也赋予本无生命的自然事物(日月星辰山水金火之类)和人工器物。"①对此,法国人类学家杜尔干持有相同的意见:"实际上,构成宗教力量的那些基本要素是从人们的意识中获得的。似乎通常只有当人们以人的外形来想象这种宗教力量时,后者才可以有人的性质;然而,即使是那些最非人格的、最无特征的宗教力量也仍然是一些客观存在的意识,而不是其他什么东西。"②就此,物体幻化的意象,"作为一种观念的存在,它在古代中国人的思维结构中已经稳固地积淀下来,而相对凝固的思维结构,又使人们'触类旁通',在所接触的环境中有意识、无意识地'发

---

① 吕大吉:《宗教学通论新编》,中国社会科学出版社,1998年版,第122页。
② [法] E. 杜尔干:《宗教生活的初级形式》,林宗锦、彭守义译,中央民族大学出版社,1999年版,第467页。

现'、'看到',而实际上只是主观体验到精怪的存在"。①这一过程可以图示如下:

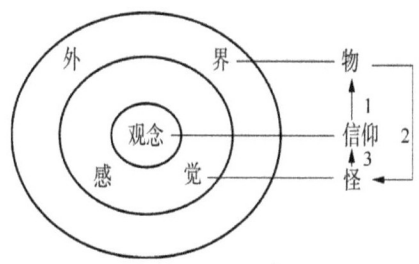

1. 属于观念层面的怪信仰作用于外界环境中的物实体,相信其可成怪
2. 在人类的感觉活动中,物实体幻化成为怪
3. 对于怪的感知又进一步强化了人们的怪信仰

由于原始宗教的思维模式作用,人们头脑中存在着关于怪的观念意识,即万物与人相等,皆可获得生命力。其次,有关怪的观念有意无意中作用于物的实体,使之幻化为怪,为人感知。最后,由于感觉到怪的存在,更加强化了人们头脑中所具有的怪的观念。由此,怪物实际是人与外界接触,在一定宗教观念

---

① 刘仲宇:《中国精怪文化》,上海人民出版社,1997年版,第55页。

下产生的幻想之物,因而也就具备了物与非物的双重性质。

◎ 宗教力量侵染

除了原始宗教思维模式的影响之外,后世流行的宗教信仰也为怪文化增添了砝码。两汉以降,佛、道二教开始在中国兴起和传播,其所持之观念对民众的思维和信仰产生了极大的影响。佛教通过动物和人的互变宣扬因果报应,道教通过动物修炼成仙宣扬神仙方术,这使得怪的形象开始呈现出人化的趋势。

除此之外,怪物有时为民间宗教所利用,因而成为统治者和正统宗教打击的目标。从政治动机上讲,传统中国是以儒家为正统思想的社会,儒家学说几乎奠定了整个封建王朝的政治理念和伦理秩序。在这样的思想文化下,"任何不符合儒家经典的宗教,或者祭祀不在官府祀典中的神鬼,都有可能被冠以异端之名"。[①]尤其是当怪成为威胁到主流观念

---

① [美]杨庆堃:《中国社会中的宗教:宗教的现代社会功能及其历史因素之研究》,范丽珠译,上海人民出版社,2007年版,第182页。

的重要力量时,势必遭到严厉打击。来看《阅微草堂笔记·滦阳消夏录四》里面记载的这个故事:

> 武邑某公,与戚友赏花佛寺经阁前。地最豁厂,而阁上时有变怪,入夜,即不敢坐阁下。某公以道学自任,夷然弗信也。酒酣耳热,盛谈《西铭》万物一体之理,满座拱听,不觉入夜。忽阁上厉声叱曰:"时方饥疫,百姓颇有死亡。汝为乡宦,即不思早倡义举,施粥舍药;即应趁此良夜,闭户安眠,尚不失为自了汉。乃虚谈高论,在此讲民胞物与。不知讲至天明,还可作饭餐,可作药服否?且击汝一砖,听汝再讲邪不胜正。"忽一城砖飞下,声若霹雳,杯盘几案俱碎。某公仓皇走出,曰:"不信程朱之学,此妖之所以为妖欤?"徐步太息而去。

这则故事中的妖怪被认为是不遵从程朱之学而成为妖的,这种对妖怪的定义与评判也可见正统思想的影响。

从宗教对抗上讲,怪的信仰与正统宗教也有着质的不同。因此,怪在为佛、道二教利用的同时,也长期处在被围剿的窘境之中。佛、道二教都宣扬各自法力高强、无所不能,镇压怪物便成为僧侣、道士展现法力的时机,也是佛、道二教特有的任务。另外,怪的原形即各类器物也往往送到寺庙、道观等宗教场所,以免再生祸患。

◎ 文人意识凸显

到了唐代,文人开始有意识地进行文学创作,于是辑录、改写、创作了很多关于怪的故事。文人运用多种创作手法使得怪的形象更加饱满,故事情节更加曲折、引人入胜,同时也在怪的故事中表达了作者的个人情怀,使怪的观念烙印上浓厚的文人意识。

从根本上说,随着社会的发展和科学的进步,人类对于自然界的认识和控制逐渐增强,其思维模式中所固有的"超自然"观念也就慢慢淡化。英国社会学家斯宾塞曾言:"我们承认有一段时间人看不到分开有生命的和无生命的物体的区别。不过随着人在动物进化过程中等级提高,进行这种鉴别的能力就增强了。"[1] 这一点在中国传统社会的体现也较为明显:"春秋战国以来,人们对于天的神秘性产生了怀疑,虽然人文精神的觉醒往往多集中在上层知识分子中间,但是在下层民众中间,人文主义的理念也透过许多种方式和途径渗透进来,再加上民众在生活中的切实体验,就使得他们对宗教及其神秘力量、人为巫术等形式的怀疑相当普遍。"[2] 因此,怪不仅因其预示(有时又被理解为"带来")灾祸而成为民众的"眼中钉",也因其虚幻而成为文人的戏谑对象。一般来说,最初的叙述只是表现人们对于怪的认识和想象,但在文人笔下,怪有了特定的象征意义,通过描绘怪的种种表现和经历来表达自己的观点和意见,以劝谕和警示世人。

怪的信仰根源于原始宗教观念,在作为主流的儒家思想

---

[1] [英]赫伯特·斯宾塞:《社会学的原则》,转引自《宗教生活的初级形式》,[法] E. 杜尔干著,林宗锦、彭守义译,中央民族大学出版社,1999年版,第54页。

[2] 侯杰、范丽珠:《中国民众宗教意识》,天津人民出版社,1994年版,第82—83页。

意识和佛、道二教的围剿下,怪也逐渐被异端化、妖魔化,型塑出特有的伦理定位和形象特点。国家祀典和佛、道二教的神仙与不在此列的鬼怪在精神世界中彼此对立:"在这个精神世界有一个整体的二分法,上面是众神,每个神被赋予明确的功能来管辖人和鬼怪的世界。在神之下是灵魂或鬼怪,构成了鬼魂世界的主体。"① 精怪无疑是后者中较为典型的一个族群。

法国人类学家杜尔干曾言:"宗教力量是人类力量,是道德力量。"② 这一点在中国传统社会中表现得也很突出。中国文化总的来说是世俗性的,民众的宗教信仰也是现实性很强的,但是,在宗教民俗文化中可以分明地看到神仙所体现的人类仰赖的精神力量及遵循的道德准则,而妖鬼精怪所体现的则是对人类精神力量的侵害及对社会道德准则的破坏。

---

① [美] 杨庆堃:《中国社会中的宗教:宗教的现代社会功能及其历史因素之研究》,范丽珠译,上海人民出版社,2007年版,第37页。
② [法] E. 杜尔干:《宗教生活的初级形式》,林宗锦、彭守义译,中央民族大学出版社,1999年版,第466页。

因此,在人与精怪的对立中,人始终站在"我"的立场上,对怪做不妥协的斗争。这是人类主体精神的张扬,也体现了人类对自身价值的肯定。

怪现象是一种较为普遍的、历史极为悠久的人类文化现象。中国古代小说有意无意地对这一文化现象进行了记录、描摹和创造,可以说是怪文化的承载体之一。

在中国人的意识层面有一根本观念——天人合一,即注重人与自然的和谐统一。在讨论人与外界环境的关系这个问题时,它主要是指向人自身,指向人类社会,其源于人的一种对主体价值的关怀。这一观念投射到文学领域,便形成了文学的生命化,即"把文学作品看作人的生命体现,认为文学作品是一种体现着人的生命精神的存在物"。[1]也就是说,人在生命活动过程中,总是不断地要求心灵的满足、精神的满足、欲望的满足,总是希望使自己的生命力量得以充分地利用和释放,使生命的光彩得以充分地展现,这一要求和希望

---

[1] 黄霖、吴建民、吴兆路:《中国古代理论体系:原人论》,复旦大学出版社,2000年版,第157页。

在文学作品中得以最大程度的满足。从这一角度考察精怪故事,不难发现它一个非常鲜明的特征就是极富生命精神。具有强烈的生命意识的中国古人自然地用"生"来观照天地万物,把精怪也视作与人一样的生命实体。

首先,怪的生成并非是客观存在的社会事实,而是通过原始思维的积淀、宗教信仰的侵染以及文人自我意识的影响而形成的一种虚幻现象。

其次,怪的表现几乎与人等同,它们不仅有着类人的外表、形象,甚至具备人类的能力、情感,而且闯入人世生活,与人产生着种种的纠葛。

最后,怪与人始终处在对立的层面,无论怪怎样作为,人们都秉承着最基本的态度——剿灭。而在人们决绝的态度之下,怪也大都以失败的下场告终。

概言之,在人的观念中,物体幻化成怪;在人的叙事中,怪与人等同;在人的意愿中,怪最终灭绝。从生到死,怪始终处于人类思想的控制之下,可以说,精怪的命运便是人类感觉自我、展现自我、肯定自我的一个过程。

参考文献

古籍类：

[1] 庄子.庄子集释.郭庆藩著.北京：中华书局,1982

[2] 陆德明.经典释文.上海：上海古籍出版社,1982

[3] 左丘明.左传.春秋左传注.杨伯峻注.北京：中华书局,1982

[4] 吕不韦.吕氏春秋.高诱注.上海：上海古籍出版社,1989

[5] 荀子.荀子新注.北京大学《荀子》注释组注释,北京：中华书局,1979

[6] 房玄龄.晋书.北京：中华书局,1974

[7] 班固.汉书.北京：中华书局,1962

[8] 许慎.说文解字.北京：中华书局,1963

[9] 纪昀、永瑢.四库全书总目.上海：上海古籍出版社,1987

[10] 方以智.物理小识.文渊阁四库全书.台湾：台湾商务印书馆,1986

[11] 葛洪.抱朴子内篇.王明校释.北京：中华书局,1980

[12] 李昉等.太平御览.上海：上海古籍出版社,1960

[13] 李昉等.太平广记.北京：中华书局,1961

[14] 洪迈.夷坚志.北京:中华书局,1982

[15] 元好问.续夷坚志.常振国点校.北京:中华书局,1986

[16] 无名氏.湖海新闻夷坚续志.金心点校.北京:中华书局,1986

[17] 五朝小说大观影印本.河南:中州古籍出版社,1991

[18] 宋代传奇集.李剑国辑校.北京:中华书局,2001

[19] 古体小说钞·明代卷.程毅中、薛洪勋编.北京:中华书局,2001

[20] 明清杂记影印本.上海:上海文艺出版社,1992

[21] 古今情海影印本.上海:上海文艺出版社,1991

[22] 古今怪异集成.北京:中国书店,1991

[23] 鲁迅.古小说钩沉.山东:齐鲁书社,1997

[24] 袁珂.山海经校注.上海:上海古籍出版社,1980

[25] 曹丕.列异传.郑学弢校注.北京:文化艺术出版社,1988

[26] 葛洪.西京杂记.程毅中点校.北京:中华书局,1985

[27] 干宝.搜神记.汪绍楹校注.北京:中华书局,1979

[28] 陶潜.搜神后记.汪绍楹校注.北京:中华书局,1981

[29] 王嘉. 拾遗记. 齐治平校注. 北京：中华书局,1981

[30] 刘义庆. 幽明录. 郑晚晴辑注. 北京：文化艺术出版社,1988

[31] 谷神子. 博物志. 北京：中华书局,1980

[32] 薛用弱. 集异记. 北京：中华书局,1980

[33] 唐临. 冥报记. 方诗铭辑校. 北京：中华书局,1992

[34] 戴孚. 广异记. 方诗铭辑校. 北京：中华书局,1992

[35] 牛僧孺. 玄怪录. 程毅中点校. 北京：中华书局,2006

[36] 李复言. 续玄怪录. 程毅中点校. 北京：中华书局,2006

[37] 李冗. 独异志. 张永钦、侯志明点校. 北京：中华书局,1983

[38] 张读. 宣室志. 张永钦、侯志明点校. 北京：中华书局,1983

[39] 裴铏. 传奇. 周楞伽辑注. 上海：上海古籍出版社,1984

[40] 段成式. 酉阳杂俎. 方南生点校. 北京：中华书局,1981

[41] 孙光宪. 北梦琐言. 林艾园校点. 上海：上海古籍出版社,1981

[42] 皇都风月主人. 绿窗新话. 周楞伽笺注. 上海：上海古籍出版社,1991

[43] 殷芸. 殷芸小说. 周楞伽辑注. 上海：上海古籍出版社,1984

[44] 瞿佑. 剪灯新话. 周楞伽校注. 上海：上海古籍出版社,1981

[45] 李昌祺. 剪灯余话. 周楞伽校注. 上海：上海古籍出版社,1981

[46] 邵景詹. 剪灯因话. 周楞伽校注. 上海：上海古籍出版社,1981

[47] 王世贞. 艳异编. 辽宁：春风文艺出版社,1988

[48] 抱瓮老人. 今古奇观. 北京：人民文学出版社,1957

[49] 蒲松龄. 聊斋志异. 张友鹤辑校. 上海：上海古籍出版社,1978

[50] 古吴靓芬女史贾茗. 女聊斋志异. 廖东校点. 山东：齐鲁书社,2004

[51] 袁枚. 子不语. 湖南：岳麓书社,1985

[52] 袁枚.续子不语.湖南：岳麓书社,1986

[53] 长白浩歌子.萤窗异草.孟庆锡点校.河南：中州古籍出版社,1986

[54] 闲斋士.夜谭随录.湖南：岳麓书社,1986

[55] 乐钧.耳食录.山东：齐鲁书社,2004

[56] 曾衍东.小豆棚.山东：齐鲁书社,2004

[57] 纪昀.阅微草堂笔记.汪贤度点校.上海：上海古籍出版社,1998

[58] 俞樾.右台仙馆笔记.徐明霞点校.上海：上海古籍出版社,1986

[59] 李庆辰.醉茶志怪.金东点校.山东：齐鲁书社,2004

[60] 许仲琳.封神演义.湖南：岳麓书社,2002

[61] 吴承恩.西游记.北京：人民文学出版社,1980

专著类：

[62] 鲁迅.中国小说史略.鲁迅全集.北京：人民文学出版社,1973

[63] 胡怀琛.中国小说概论.北京：中国书店,1985

[64] 蔡铁鹰. 中国古代小说的演变与形态. 北京：中国文史出版社,2003

[65] 林辰. 古代小说概论. 辽宁：春风文艺出版社,2006

[66] 陈文新. 文言小说审美发展史. 湖北：武汉大学出版社,2002

[67] 李剑国. 唐前志怪小说史. 天津：天津教育出版社,2005

[68] 胡胜. 神怪小说简史. 山西：山西文史出版社,2005

[69] 侯忠义. 汉魏六朝小说简史. 山西：山西文史出版社,2005

[70] 侯忠义. 唐代小说简史. 山西：山西文史出版社,2005

[71] 李鹏飞. 唐代非写实小说之类型研究. 北京：北京大学出版社,2004

[72] 程蔷. 骊龙之珠的诱惑——民间叙事宝物主体探索. 北京：学苑出版社,2003

[73] 程蔷. 充满智慧的民间精灵. 广西：广西师范大学出版社,2006

[74] 张紫晨. 中国巫术. 上海：三联书店,1990

[75] 黄景春. 中国古代小说仙道人物研究. 广西：广西师范大学出版社,2006

[76] 车锡伦、孙叔瀛编. 中国精怪故事. 上海：上海文艺出版社,1995

[77] 王灵铮编. 中国民间故事珍藏系列：怪话. 上海：上海文艺出版社,2001

[78] 水木茂. 中国妖怪事典. 香港：晨星出版社,2004

[79] 井上圆了. 妖怪学. 蔡元培译. 上海：上海文艺出版社,1992

[80] 刘仲宇. 中国精怪文化. 上海：上海人民出版社,1997

[81] 列维·斯特劳斯. 野性的思维. 北京：商务印书馆,1987

[82] 德·莫·乌格里诺维奇. 宗教心理学. 北京：社会科学文献出版社,1989

[83] 于锦绣、于静. 灵物与灵物崇拜新说. 北京：宗教文化出版社,2006

[84] 黄霖、吴建民、吴兆路. 中国古代理论体系：原人论. 上海：复旦大学出版社,2000

论文类：

[85] 董乃斌、程蔷.民间叙事论纲.湛江海洋大学学报.2003年第2期

[86] 刘卫平.亦庄亦怪：志怪传奇小说创作主体的双重人格特征.中国文学研究.2006年第3期

[87] 严明.文言小说人鬼恋故事基本模式的成因探索.文艺研究.2006年第2期

[88] 朱迪光.精怪传说——民众意识的积淀.衡阳师范学院学报.1994年第2期

[89] 朱迪光.中国古代精怪故事中的精怪人化.衡阳师范学院学报.1994年第2期

[90] 林继富、王丹.信仰与艺术的交辉——长阳都镇湾精怪叙事传统.民族文学研究.2005年第2期

[91] 王丹.母体视野中的精怪故事——以鄂西北伍家沟村故事为例.湖北民族学院学报.2007年第1期

[92] 徐华龙.中国妖怪精故事的分类及其研究（作者提供）

后 记

应上海文艺出版社徐华龙老师和上海大学黄景春老师之邀,我接下了《怪》这本书的撰写工作。原因其实很简单,之前做过关于器物精怪的资料搜集,也写过一些相关的文章,想必应该可以信手拈来。但真的着手开始准备时却出现了棘手的问题:一来从器物精怪到怪有一个比较大的跨度,需要查找和补充的东西很多;二来接下任务的学期正值课程特别密集的时段,所以真正能够踏实思考和写作的时间很少。所以,整本书的框架依然延续我最初研究器物精怪时的基本思路,中间做了些调整和修改,希望可以把更大范围内的关于怪的记载囊括进来。另外,有些内容源于当初跟随程蔷老师和黄景春老师撰写《中国古代小说与民间信仰》时的想法,再重新调整后也纳入本书之中。

在本书的写作过程中,黄景春老师和徐华龙老师都给我提出了宝贵的意见和建议,谢谢他们的帮助。此外,我的学生们(郭瑞娟、张馨丹、马尔力、郭紫宇、代松涛、李思辰)在帮助搜集资料的过程中付出很多,也谢谢他们。好友叶青云无私地提供了图片资料供研究,在此一并感谢。在重重困难之下,交稿的时间一再拖延,好在徐老师很是包容,让这本小书得以问世。

书中的故事和文本基本都有据可查,但是研究思路和理论分析上尚有疏漏之处,敬请读者原谅,期希日后有机会可以弥补和修正。

郑 艳

2014 年 6 月

图书在版编目(CIP)数据

怪/郑艳著. —上海:上海辞书出版社,2014.8
(民间信仰口袋书系列)
ISBN 978-7-5326-4258-8

Ⅰ.①怪… Ⅱ.①郑… Ⅲ.①信仰-民间文化-中国 Ⅳ.①B933

中国版本图书馆 CIP 数据核字(2014)第 169915 号

策划统筹 蒋惠雍
责任编辑 徐思思
整体设计 周　晨

怪
郑艳　著
上海世纪出版股份有限公司
上海辞书出版社 出版、发行
中国图书进出口上海公司

2014 年 8 月第 1 版
ISBN 978-7-5326-4258-8/K·980

www.ingramcontent.com/pod-product-compliance
Lightning Source LLC
Chambersburg PA
CBHW071403160426
42813CB00083B/432